双圆模式

在股票投资中的
分析与操作

缪之子 著

浙江工商大学出版社 | 杭州
ZHEJIANG GONGSHANG UNIVERSITY PRESS

图书在版编目(CIP)数据

双圆模式在股票投资中的分析与操作 / 缪之子
著. — 杭州：浙江工商大学出版社，2020.1
ISBN 978-7-5178-3352-9

Ⅰ. ①双… Ⅱ. ①王… Ⅲ. ①股票投资 Ⅳ.
①F830.91

中国版本图书馆 CIP 数据核字(2019)第 145793 号

双圆模式在股票投资中的分析与操作

SHUANGYUAN MOSHI ZAI GUPIAO TOUZI ZHONG DE FENXI YU CAOZUO

缪之子 著

责任编辑		厉　勇
封面设计		林朦朦
责任印制		包建辉
出版发行		浙江工商大学出版社
		（杭州市教工路 198 号　邮政编码 310012）
		（E-mail:zjgsupress@163.com）
		（网址:http://www.zjgsupress.com）
		电话:0571-88904980,88831806(传真)
排　　版		杭州朝曦图文设计有限公司
印　　刷		浙江广育爱多印务有限公司
开　　本		710mm×1000mm　1/16
印　　张		11.5
字　　数		175 千
版 印 次		2020 年 1 月第 1 版　2020 年 1 月第 1 次印刷
书　　号		ISBN 978-7-5178-3352-9
定　　价		66.00 元

打开任何一幅股票走势图,满屏都是红红绿绿、密密麻麻、高高低低、大大小小、杂乱无章、横七竖八的图形与线条。其实,股票走势图,不仅记录了股市运动变化的全部信息,也承载了股市的全部奥秘。

每一幅股票走势图,表现了多方与空方筹码转换以及资金转移的结果。

每一幅股票走势图,记录了买卖双方抗衡妥协的结果。

每一幅股票走势图,反映了量价矛盾斗争的结果。

每一幅股票走势图,揭示了人类贪婪掘取财富的结果。

······

因此,股市中的牛市与熊市、主力与散户、买进与卖出、多头与空头、上涨与下跌、洗盘与出货、阳线与阴线(K线)、阳柱与阴柱(成交量)、抄底与逃顶、止盈与止亏、风险与收益、投资与投机、流入资金与流出资金、顺势操作与逆向操作、分散投资与集中投资等,无不构成了股票市场中矛盾的对立统一体。

在股票市场中,这些相对立的二元元素,表现在关系上就是矛盾关系,表现在哲学上就是对立统一,表现在玄学上就是阴阳学说或阴阳哲学,表现在数学方法上就是(两个正数的)平均值法,表现在数学图形上就是平面图形的圆,表现在股价上就是波段的最高价与最低价,表现在趋势线上就是最低支撑线、历史颈线、最高阻力线,表现在股票交易上就是双圆模式股票操作。

本书提出的"双圆模式股票操作",是股票交易最原始、最简单的操作模型,揭示了股票涨跌转换的周期性变化,将股市的内在规律像数学模型一样摆在了读者面前。

本书共分七章：

第一章"股票市场的二分法"，先开门见山地概述了"一分为二""二进制""二分法"等概念，接着阐述了哲学领域、数学领域是如何认识"二分法"的，同时把数学上的"二分之一平均法"引入股票市场，阐述其是如何对股票的支撑点与阻力点、支撑位与阻力位、支撑价格与阻力价格进行预知判断和相关计算的。

第二章"K线圆模式操作"，阐述了股票价格走势的底与顶、买与卖、支撑与阻力以及如何计算、预判支撑点与阻力点、支撑位与阻力位，并系统地分析了单底(顶)、双底(顶)、多重底(顶)存在K线圆模式的操作特点与规律。最后，比较了历史颈线与凹口线、凹口平衡线、缺口平衡线在股票走势中的作用，以及实现涨停之间转换的秘密。

第三章"成交量圆模式操作"，阐述了股票成交量走势的底与顶、支撑与阻力以及如何计算、预判成交量的支撑点与阻力点、支撑位与阻力位，并系统地分析了单底(顶)、双底(顶)、多重底(顶)存在成交量圆模式的操作特点与规律。根据股票波动周期理论，结合二、三章，水到渠成地提出了在股票市场存在双圆模式的操作模型。

第四章"双圆模式的股本买卖操作"，阐述了利用双圆模式操作，不仅可以把握大盘及个股进退场的介入点、买点、卖点操作，也可以把握止盈点、止损点操作，具有一定的实战操作与指导意义。

第五章"双圆模式的仓位控制"，简单地介绍了双圆模式交易的仓位控制是如何进行建仓操作和出仓操作的。

第六章"双圆模式的风险控制"，简单地介绍了双圆模式在交易过程中，是如何防范风险——进行止盈与止损的。

第七章"双圆模式实战股谱"，这是笔者在2016年与2017年上半年利用双圆模式进行股票交易与实际操作的战术，一些实战技巧很适用，并带有很强的预见性，对研判大盘与个股的走势具有一定的指导和借鉴意义。

马克思认为，一门科学只有成功地运用数学时，才算达到了真正完善的境界。双圆模式股票操作，应该说是数学模型应用在股票市场上进行实战交易最原始、最简单的一种操作模型。双圆模式操作模型，不仅反映了股票的价格走势是一个又一个圆周期波动变化的过程，也反映了股票的成交量走势是一个又一个圆周期波动变化的过程,同时揭示了成交量的(阴阳)量柱同 K 线一样,是一种股市语言,而不是一种技术指标(目前流行的炒股软件把成交量当作一种技术指标,一种技术工具,这是对成交量的一种不全面认识和误解)。

双圆模式股票操作,提出的股市圆周期操作理论模式,有买点与卖点,有支撑位与阻力位,有止盈点与止损点,有止盈位与止损位,而且还可以提前预测目标阻力位与压力位。在目标阻力位与压力位上,股价不能有效突破,就止盈,成为一个有效的"卖点",截断利润,顺手卖掉,不要存在任何侥幸心理。如果股价突破目标阻力位与压力位,就成为一个有效的"买点",逢高顺势再买进,再一次享受主力拉升的快乐与愉悦,何乐而不为! 在支撑位上,股价跌破支撑位,就要学会止损,保住本金,以备下一次"东山再起"。如果股价不跌破支撑位,就当作一个有效的"买点",顺势低位买进,让主力为自己抬轿子,实现利润的目标最大化。

双圆模式股票操作,不仅有技术分析,方法指导,同时还提供一些股票的走势图进行示范、指导、借鉴和应用,并帮助广大股民朋友在股市中尽量少亏损或不亏损。

任何一种数学模型与技术分析,都不是完美的,机会是留给市场进一步去检验去完善的。愿双圆模式股票操作,能带给你一双驱动利润的车轮,在风云变幻的股海中遨游畅想。每当一波牛市退潮后,在海浪里唯独没有你在裸泳,而是在搁浅的沙滩上斩断羁绊、截取利润、畅想未来,那么出版本书的最初目的也就达到了。

缪之子

2018 年 7 月

自序 PREFACE

股民亏损的秘密

"天下熙熙皆为利来，天下攘攘皆为利往。"①

这是西汉著名史学家、文学家司马迁在《史记》第 129 卷《货殖列传》中关于人类经济行为最为经典的一句名言。意思是天下人为了利益蜂拥而来，为了利益各奔东西。意指天下芸芸众生为了各自的利益而奔波。市场经济如此，证券市场也不例外。实体经济在创造财富，虚拟经济在分配财富，只不过证券市场更血腥、更残忍罢了。

股票市场，简称"股市"，是股票发行与交易（转让、买卖、流通）的场所，包括交易所市场和场外交易市场两大类别。股票市场，一方面为股票的流通转让提供了基本的场所，一方面也可以刺激人们购买股票的欲望，为一级股票市场的发行提供保证，股票市场的交易价格能比较客观地反映股票市场的供求关系，也能为一级市场股票的发行提供价格及数量等方面的参考依据。股票市场周期是指股票市场长期升势与长期跌势更替出现、不断循环反复的过程，通俗地说，股票上涨下跌的一个循环，即熊市与牛市不断更替的现象。股票市场是投机者和投资者双双活跃的地方，是一个国家或地区经济和金融活动的寒暑表。股票市场的不良现象，如无货沽空等，可以导致股灾等各种危害的产生。

大大小小的股民，都把证券市场视为掘金暴富的天堂，因为操作太容易了，容易到只要操作一下键盘就可以合法地把钱赚到。证券投资具有快捷、自由、自我、周期短、复利快的显著优点。如果证券投资真的如此容

_____
① 司马迁.史记·货殖列传（第 129 卷）[M].中华书局,1982.

易，谁还去做缓慢、复杂、辛苦、周期长、见效慢的实体经济呢？世界 300 年的证券史表明：股市中没有十全十能的上帝，没有只赚不赔的投资宝典，没有未卜先知的先天预测，没有一线操盘的万能炒股软件。因此，股谚云：会买的是徒弟，会卖的是师父，会做空的是鼻祖。意思是说，在股市中，其操作成功的概率大致是"七亏二平一赢"。

尤其是熊市和震荡市，听到最多的一个词就是：亏钱。而且有些投资者不缺乏资金或资历，有些投资者不缺乏技术分析或投资理念，有些投资者不缺乏精选牛股的技巧或炒股的良好心态……那为什么大多数投资者都亏损了呢？

第一个亏钱的原因是政策。

中国 A 股市场，是一个政策市场，涨跌循环，周而复始，基本上是国家宏观政策的调控与干预，市场资金短缺或过于紧张造成的。1996 年年底，国家总设计师邓小平逝世，上证指数应声而下，从 1254 点跌至 869 点，5 天之内跌幅达 30.7%。1997 年 5 月朱镕基总理宣布印花税调高至 5%，并将扩容增至 300 亿元，上证指数大幅回落，从 1510 点持续下跌至 1066 点。2007 年 5 月底，国务院宣布印花税从 1% 调至 3%，上证指数从 4335.9 点快速回落至 3404 点。1998 年的亚洲金融危机造成上证指数在长达两年多的时间里，始终徘徊在 1040 点左右的窄幅区间内。2008 年全球爆发的金融危机，上证指数从 6124 点一落千丈至 1664 点，短短 12 个月跌幅竟高达 72.8%。2015 年 6 月因去杠杆，上证指数从 5178 点一落千丈至 2638 点，短短 9 个月竟暴跌 49.1%。中国 A 股市场发展了近 30 年，基本上政策向控股股东与原始股东倾斜，中小投资者受蛊惑，成为牺牲品，不得不接盘买单。同时，再加上证券交易需要支付佣金、印花税、个人所得税，业内人士吸钱，还要养活交易所、税所、经纪人、股评人、证券节目，势必造成证券市场一层一层地抽血，导致广大股民被券商、基金、社保等主力机构一次又一次地抽血买单，伤痕累累，抽丝剥茧，最后成为无意义的牺牲品，淘汰出局。这就是广大股民亏损最致命的原因。

第二个亏钱的原因是操作技术不当。

股市，与赌场相类似，只不过赌场输赢的结果是确定的，而股市涨跌的结果是不确定的、不可知的。因此，股市是人类有史以来所创造的一个最为神奇的游戏。正如经济学家凯恩斯所说：股票是人类迄今为止最为精巧的一项发明。

股市，与赌场相比，还有一个区别：股市是一个"非零和"游戏。在股市中，买（卖）股票要上交印花税 1‰，个人税 2‰。一买一卖股票共交纳税费 6‰（目前有些证券的交易税很低，低至 2.5‰）。根据复利计算，在股市中满仓操作，不赔不赚，共操作 166 次买卖，本钱就会玩完，落得个血本无归。很多股民，没有掌握炒股的基本知识、技术知识，没有一套稳定获利的操作系统，就急急忙忙地杀进股市，买卖股票。大多数股民，常常 10 元买入，8 元卖出；过一阵，又 8 元买入，6 元卖出……短线频繁进出，没多久，就爆仓了，钱赔完了。简单计算一下：10 元亏损 50％就剩下半仓 5 元，假使 5 元增值到 10 元，必须盈利 100％才能实现。可见，股市里亏钱实在容易，赚钱实在太艰难。

还有一些股民，稍微懂一些炒股知识，但谨小慎微，股价一旦回调，就立即止损；再回调，再止损……反复多次，割肉亏损出局，落得个懊恼不已，最后害怕炒股。一旦提及股票，神经紧张，真是"一朝被蛇咬，十年怕井绳"。还有一些股民，一旦套牢，就着急平仓出局，主动投降认输。或不会止损，延续为深套，从短线变成了中长线、长线，持股待涨，等稍微有点盈利，就急着下手截断利润，以较大的风险换取最小的利润。因此，广大股民要想在股市中获利，提高操盘技术是必需的。

第三个亏钱的原因是缺乏操作的投资理念和交易系统。

炒股到底炒什么？有人说炒股就是炒"价格"，有人说炒股就是炒"业绩"，有人说炒股就是炒"价值"，有人说炒股就是炒"成长"，有人说炒股就是炒"未来"，有人说炒股就是炒"趋势"，有人说炒股就是炒"心态"，有人说炒股就是炒"心理预期"，有人说炒股就是炒"人性"，有人说炒股就是炒人品……

全世界炒股者都在穷尽心力，寻找股市赚钱的秘密与秘籍。股市究竟有没有赚钱的秘籍？这是一个仁者见仁、智者见智的世界级难题。

下面是一个关于交易的故事。

华尔街有两位"炒手"不断交易一罐沙丁鱼罐头，每一次甲方都用更高的价钱从乙方手里买进，这样双方都赚了不少钱。一天，甲决定打开罐头看看：一罐沙丁鱼为什么要卖这么高的价钱？结果令他大吃一惊：鱼是臭的！他为此指责对方。乙的回答是：罐头是用来交易的，不是用来吃的啊！——诸位，这就是股价和股票所代表价值的关系。

这则故事告诉我们：股票，作为特殊的商品，本身是没有价值的，只具有交换价值，其本质是用来交换的。即便有价值，但是在人类交换的过程中，已经掩盖了它真正的价值，或者它的价值没有起作用，或者它的价值正在消失，或者它的价值已经消失。这就是股票交易的秘密——股票在本质上，炒的是交换价值，而不是价值。

在股票操作的全部交易完成之际，操作规则、交易核心、交易理念、契约精神等诸如此类环节，基本上已浮出水面、水到渠成了，也以口头、契约、书面的形式大致形成交易文本了。

由于股票操作实在太简单，买卖交易只需一键买一键卖，就可以顺利完成交易事实，不需要多余的旁枝末节。股票交易，实在太自由、太灵活、太自主，极易造成实际操作上的随意性，以感性认识代替理性判断，以随意自主代替交易实质，以盲目乐观代替客观真相，以假设叙述逻辑代替事件既成事实。因此，在股市中，传奇、神话、空中楼阁、海市蜃楼、富可敌国，随处可见。谎言可以欺骗大众，假象可以造出事实。稻草可以变成金条，石头可以变成钻石。乌鸡一瞬间可以焚烧涅槃成凤凰，凤凰落难可以褪变为乌鸡。乞丐一夜间可以升格为富翁，富翁可以落魄成穷光蛋。正如上海金融投资专家金国英所言：现实经济可以转化为虚拟经济，现实商品可以转化为虚拟商品。一个个切切实实的企业可以转化为虚拟公司，千千万万的投资者可以成为金融世界虚无缥缈的游戏者。

这就是股票投资在交易过程中存在的全部秘密。

投资，是一项交易。证券交易的本质是商品交易，只是这个特殊的商品是上市公司的股份或者说是筹码。在交易过程中，是一种虚拟交易，和现实生活中的商品交易不一样，更简单、更快捷、更随意，但看似简单的交易却是最复杂的，蕴含着最深刻的投资哲学，如波浪理论、道氏理论、价值投资理论等。证券交易的本质是资金与筹码在买卖过程中发生转移，每天几百亿甚至上千亿资金，从一些人的口袋转移到另外一些人的口袋之中。所以，证券交易在本质上还是物物交换，只不过是虚拟的物物交换。

投资，是一项事业。在证券市场，不因一键操作太简单、太随意，就否认投资是商品交易。虚拟的商品交易，也是一项交易，承认虚拟商品的交易事实，就是承认投资是一项事业，不是类似小孩子玩"过家家"的游戏。

如果你把投资交易当作一种神奇的数字游戏，最终远离了商品交易的本质，注定要在证券市场上以失败投资而告终，留下"谈笑间，樯橹灰飞烟灭"的话柄。

在中国 A 股市场，牛市短、熊市长，大多数人都把证券交易当作一种投机行为，因为广大股民亏损太严重。其实这是对投资交易的一种误解。这就难怪，在中国 A 股市场，存在着关于投资是价值投资还是价值投机的长期争论。出现这种争论局面，是由中国 A 股市场涨少跌多、牛短熊长的不争事实造成的。价值投资的范本是：美国的社会经济和证券市场，长期处于一种稳定的上升态势之中，似乎没有什么价值投机这种说法。股神巴菲特一生的长期投资经历与传奇，足以证明价值投资的功效性与实用性，也可以作为价值投资的最好范例。也从另一个侧面说明了中国经济尚处于一种不稳步的发展态势之中，等经济转型稳定了，市场发展成熟了，价值投资与价值投机的长期争论自然不攻自破。

投资，是一门科学。在证券市场里要想投资成功，必须掌握丰富的经济知识、数学知识和有关人际交往、心理方面的知识。

作为一名投资者，而不是企业产品的经营者与价值创造者，只是拥有一定经济资本的人，或是企业价值、股票价值的发现者。因此，运用多种估值指标去看待并评估股票或企业的价值，是大多数投资者应该要修的必修课。每一个投资者，几乎都有自我偏向注重的估值指标。从财务角度上看，对企业进行估值评估，有现金流量表、利润表、资产负债表，或通过杜邦分析企业公司的财务是否经济健康等。当然，大多数投资者利用净资产 B、市盈率 PE、市净率 PB、市销率 PS、创新因子 PEG（即市盈率相对业绩增长比率）、净资产收益率 ROE 等数学统计分析进行估值。常见的估值方法有：格雷厄姆的价值成长法、巴菲特的自由现金流折现估值法、彼得林奇的 PEG 估值法以及股利折现法、DCF 估值法等。在投资的交易过程中，自觉不自觉地使用估值指标、估值方法、估值模型、估值系统，使投资逐渐成为一门学问、一门科学。

但是，投资更是一门艺术。何谓科学？何谓艺术？简单地说就是科学可以公式化、模式化、系统化，即遵循既定的公式、定理、法则，就可以推断出一模一样的结论。而艺术正好相反，你把所有能够量化的客观条件都设定成跟达·芬奇、毕加索一样，但还是画不出伟大的作品。技术或者说科学最显著的特点,就是可继承性与可叠加性,也就是说,你可以"站在巨人的肩膀上称伟大",并可能实现超越。但是,艺术不可以。

对照证券市场,面对红红绿绿、密密麻麻、高高低低、长短不一的每一只股票走势,发现走势是随机的、无序的、不规则的、不可预知的。走势曲线图存在着一种或然关系,规律是建立在分析、统计、概率基础之上的或然波动规律,不是建立在因果关系基础之上的,按照演绎、归纳、推理进行的必然客观规律。因此,投资是一门严谨的科学,更是一门艺术。两者是相辅相成的。

正如美国托马斯·卡尔博士所说:"投资是艺术,而不是技术,而且是一门学不起的艺术。"在学习投资的过程中,不能按照一个固定的数学公式、数学模型,根据同样的选股指标、选股原则、选股策略,依葫芦画瓢进行股票操作。为什么没有出现第二个巴菲特、第二个彼得·林奇、第二个索罗斯呢?因为投资是一门艺术,是不可复制的。在每一次牛市退潮之后,大多数股民一个比一个赔得惨的深刻教训,就是明证。

一幅幅股市曲线图,就是人世百相图。

一幅幅股市曲线图,就是人生欲望心理曲线图。

一幅幅股市曲线图,就是投资大众所创造的财富曲线图。

第四个亏钱的原因是重复犯错。

在股市中,当损失较小并处于合理的范围内时,投资者一般持股不动,而且大部分投资者本能上稍微少赔一点,偏好出局。由于大部分投资者,不想承担损失,继续等待观望,直到亏损变得非常严重时,不得不付出昂贵的代价,割肉止损出局。这是到目前为止,几乎所有投资者在股市中都曾犯过的最严重的错误。操作失误、操作错误,就是放大风险,减少利润,广大股民投资者在股市中年复一年、日复一日地重复同样的错误。唯一的办法是勇于承认自己曾重复犯的错误,下定决心彻底改正。否则,就会日复一日、年复一年地重蹈覆辙。

第五个亏钱的原因是无法控制自己的欲望。

股票市场的周期波动,源于人类的本性。自股市诞生以来,人类的贪婪与恐惧始终没有发生任何根本性的变化——都是股市上涨就蠢蠢欲动,股市下跌就胆战心惊。每过几年就出现一个周期循环。在股票市场中,应该是理智的判断思维占据主导地位,优于感性认识,不能被市场的情绪、喧嚣、吵闹所左右，遭遇情感绑架，失去理智，迷失方向，那损失也就可想而知了。一个成功的投资者经常是那种头脑冷静、极有耐心、独立判断、心胸开阔、勇于承认错误、"泰山崩于前，而面不改色"、能静若处子一般的理性者。正如价值投资的代表人物格雷厄姆曾经说过，"无法控制情绪的人是不会从投资中获利的"。所以，要想在股市中获取高额利润、自由驰骋，个人认为与高学历、高智商、雄厚的资本没有多大关系，关键是要控制自己的态度、脾气、情绪，方能在股票市场中获得巨大成功。

在股市中，股民亏损的原因千差万别，不一一列举。在戏剧中，有人说过，"有一千个读者，就有一千个哈姆雷特"。在股市中也一样，有一千个股民，就有一千条亏损的原因。

《孙子兵法》上说："胜兵先胜而后求战，败兵先战而后求胜。"意思是说，进入股市先要有深厚的股票知识、基本面知识、扎实的看盘能力与操盘技术，良好的抗挫心理素质，才能在股市中赚取你的那份收益。俗话说：罗马不是一天建成的。不能急于求成、急于冒进。否则，就会功败垂成，淹没在历史的洪流中，被波涛汹涌的股海荡为齑粉。

缪之子

2018 年 7 月 15 日

目录

第一章 股票市场的二分法

　　一分为二，是人类认识客观世界最基本的哲学认识方法与数学手段。在哲学上，一分为二，也叫"二分法、二点论、二元论"。在数学上，一分为二是数学几何用语，也称"平均值法"。如果把"平均值法"应用在股票市场，不仅可以判断股票运行位置的支撑点或阻力点、支撑位或阻力位，还可以做出正确决策，是买进股票还是卖出股票。

第一节 哲学上的二分法

　　原始社会后期,人类逐渐从渔猎社会向原始农业社会过渡。由于狩猎、捕鱼、放牧、采摘等生产上的需要,开始了对野兽、果实、鱼种、牛羊等物体集合的数量计算与统计,对相对立的事物进行划分与归属,对同一事物内部两种对立的方面进行属性归类。于是对野兽、果实、鱼种、牛羊等数量多少、大小、高低、有无、雌雄、远近……进行归纳概括,总结提出了相对或相反概念,即产生了"一分为二"的概念。因此,老子在《道德经》第二章所言:"天下皆知美之为美,斯恶已;皆知善之为善,斯不善已! 故有无相生,难易相成,长短相较,高下相倾,音声相和,前后相随……"这几句话高度概括了美与恶(不美)、善与不善、有与无、难与易、长与短、高与下、音与声、前与后,是自然的、朴素的、唯物的,是人类对客观世界的自然意识觉醒,反映了中国古代先民已经开始对二元对立概念用自然唯物主义来辩证看待了。

一、什么是一分为二?

　　什么是一分为二?"一"是指由两个部分组成的统一事物,"二"是指由两个一组成,其中一个一,是你现在感知到的。另外,统一物具有可分性质。具体来说,"一"是此事物的"反面",或者"背面",反面、背面都是由"正面"而产生,伴随着"正面"而存在。

　　一分为二,指事物内部的可分性、矛盾性。宋·邵雍《皇极经世》第七卷:"是故一分为二,二分为四。"查《现代成语词典》,一分为二,为哲学用语,指事物作为矛盾的统一体,都包含着相互矛盾对立的两个方面。通常指全面看待人或事物,既要看到积极方面,也要看到消极方面。中外不少思想家提出并阐述过"一分为二"的概念。如:

　　(1)一分为二,谓天地也。——隋·杨上善《黄帝内经·太素》

　　(2)易有太极,是生两仪。——宋·邵雍《皇极经世·观物外篇上》

　　(3)一分为二,节节如此,以至无穷,皆是一生两尔。——南宋·朱熹

　　(4)统一物之分为两个部分以及对它的矛盾着的部分认识,是辩证法

的实质。——列宁《谈谈辩证法问题》

（5）一分为二，这是个普遍现象，这就是辩证法。——毛泽东《党内团结的辩证方法》（《毛泽东选集》第5卷第498页）

二、一分为二的观点

唯物辩证法认为："一分为二"是指一切事物、现象、过程都可分为两个互相对立和互相统一的部分。一分为二是普遍存在的，但不能机械理解，应该看到事物可分性的内容、形式是多种多样的。正确地认识和把握一分为二，既要看到矛盾双方的对立和排斥，也要看到双方的联系和统一，以及在一定条件下的相互转化。

三、几对对立属性

"一分为二"，即我们在日常生活中常常讲的"二分法"。下面简单介绍以"二分法"进行分类的几对概念的属性关系。

——黑与白。黑色与白色的统称，是一对最朴素的二元对立概念。后引申比喻为善恶、是非、正邪、混浊等。黑白，是将五彩缤纷的客观世界归纳为统一。它表现的是一种永恒与稳定，这一切都在追求视觉的真实中自然而然地得以实现。如黑色代表神秘、高贵；白色代表纯洁、天真。在艺术上，黑色把白色衬托得更加白，白色把黑色衬托得更加黑，可以把彼此的特点变得更加鲜明。把黑与白的对立属性应用在股票市场，在没有彩色背景的前提下，如果区分K线的价柱，"阴线"用黑色表示，"阳线"用白色表示；如果区分成交量的量柱，"阴柱"用黑色表示，"阳柱"用白色表示。现在使用的是彩色背景，"阴线"与"阴柱"用绿色或蓝色表示，"阳线"与"阳柱"用红色表示。

——动与静。运动与静止，是客观世界运动变化过程中一对最朴素的对立统一概念。运动和静止，都是物质的固有属性。静止，并非是不运动，它是运动的一种特殊形式，是不显著的运动，所以说是相对静止。运动和静止都是物质本身就固有的，不是外部力量强加的。试想，如果没有相对静止，一事物就不是该事物，而变成了其他事物。只有相对静止，才使事物保持了原有的性质，所以说运动和静止都是物质本身就固有的属性。万事万物只有处在运动之中,才能保持达到相对静止的状态。如陀螺不动时是站立不住的,它只有不断螺旋式地飞速运动起来后,才能稳稳地站立。世间万物皆如此。在股票市场中,观察每一只股票K线的走势,红红绿绿、密密麻麻、高高低低、曲曲折折,正是由于供给与需要产生的动静固有属性,才产生了暂时多空双方折中平衡的一幅幅曲线图。

——阴与阳。宇宙间的万事万物,按照属性分为两类:阴类与阳类。自然界中的阴与阳只有具体的性质现象,没有具体的物质性。阳类,代表向上、奇数、光明、正向、运动、白色、刚健、外在、正数、左边、开放、向外等;阴类,代表向下、偶数、阴暗、反向、安静、黑色、柔和、内在、负数、右边、关闭、向内。阳,代表着天空、光明、男人、左面、强大等;阴,代表着大地、黑暗、女人、右面、弱小。阴阳两种物质属性,既相互对立又相互统一。没有上,显示不出下;没有光明,就显示不出黑暗;没有天高,就显示不出地卑。人类对阴阳的认识是中国上古先民对客观世界的最早认识与分类,具体表达在中国上古文化图书《易经》中。没有阴阳,就没有《易经》,就没有中国文化。上下五千年,阴阳学说,影响着中国的政治、经济、文化、军事、中医、伦理、教育等方方面面,并发挥着巨大的作用。从某种意义上讲,每一幅红红绿绿、密密麻麻、高高低低、曲曲折折的股价K线走势,无论是5分钟、15分钟、30分钟、60分钟,还是日线、周线、月线、季线、年线,都是阴阳变化曲线图。

K线又被称为"蜡烛图",据说源于18世纪日本的米市,被当时日本的米商用来表示米价的变动,后被引用到证券市场,成为股票技术分析的一种理论。K线是以每个分析周期的开盘价、最高价、最低价和收盘价绘制而成的。以绘制日K线为例,首先确定开盘和收盘的价格,它们之间的部分画成矩形实体。如果收盘价格高于开盘价格,则K线被称为"阳线",用空心的实体表示。反之,称为"阴线",用黑色实体或白色实体表示。在证券市场,大多数软件都用彩色实体来表示阴线和阳线,在国内股票和期货市场,通常用红色表示阳线,绿色表示阴线。但在欧美市场及外汇市场,通常用绿色表示阳线,红色表示阴线,和国内的刚好相反。

——祸与福。关于祸福最著名的论断,是老子在《道德经》第五十八章所言:"祸兮福之所倚,福兮祸之所伏。"意思是说,人遇到有灾祸,要小心谨慎,处处顺着天道做人,反可以得福,所以说"祸兮福之所倚"。得到了福利以后，人便骄傲，骄傲又要惹祸，所以说"福兮祸之所伏"。福与祸，只不过是我们生存状态的两种表现。祸，可以成为福。福，也可以成为祸。我们以怎样的心态对待自己的生活状态，是我们趋福避祸的关键。在金融市场，祸福旦夕瞬间，你可能一夜之间成为百万富翁，也可能一夜之间成为穷光蛋。面对变幻莫测、诡秘异常、瞬息万变的虚拟金融市场，祸与福远远大于我们生存的现实世界。因此，从一个侧面强调，要想规避风险，投资金融市场必须谨慎。

第二节　数学上的二分法

在数学上，一分为二，就是把一条线段"——"分成两条线段"——"；再一分为二，就分成四条线段"————"。再一分为二，就分成八条线段"————————"……按照此规律：2^0，2^1，2^2，2^3，……，2^n，……，依次下去。

在数学上，一分为二，就是把一个平面 ▢ 分成两个部分 ▢▢，这是数学意义的几何解释。再一分为二，就分成四个部分 ▢▢▢▢。再一分为二，就分成八个部分 ▦▦……按照此规律：2^0，2^1，2^2，2^3，……，2^n，……依次下去。

由此，一分为二的数学几何分解规律就是：2^0，2^1，2^2，2^3，……，2^n，……依次下去（其中 n 为分解的次数）。即满足二进制进位原则："1248"进位法则。

一般来说，按照一分为二对事物进行属性划分，分成的这两部分，可能属性相反。如长短、大小、上下、左右、前后、黑白、动静、矛盾、正负、曲直……很显然，按照一分为二对事物进行属性划分，分成的这两部分，属性可能相同或相近。如把一根木棍分成两截、一间房屋隔成两间小的房间、一张纸对折分成两个小半张纸等。

如果直线用一维空间（数轴）表示，"一分为二"，在数学上用代数解释就是——平均值法，即两个数加起来除以 2。即平均数 $c = (a$ 数 $+ b$ 数 $) \div 2$。

如果直线用二维空间（直角坐标系）表示，"一分为二"，在数学上用代数解释就是——中点坐标公式。即在直角坐标系中，已知 $A(x_1, y_1)$、$B(x_2, y_2)$ 两点的坐标，则线段 AB 的中点 $C(x_0, y_0)$ 的坐标为：

$$\begin{cases} x_0 = \dfrac{x_1 + x_2}{2} \\ y_0 = \dfrac{y_1 + y_2}{2} \end{cases}$$

以中点 C 为对称中心，线段 AB 的两端点 A，B，就互为对称点。如果以中点 C 为圆心,以线段 AB 为直径就可以作出一个圆。

同样地,如果把平面以正方形来表示,那么正方形就可以分别作出外接圆与内接圆。这是数学上"方化圆、圆化方"思想方法的重要来源,也是后面我们提出与建立股票市场"双圆模式操作"的重要理论依据。

下面列举二分法在实际生活中的应用。

生活应用一:

一条电缆上有 15 个接点,现有一个接点发生故障,如何尽快找到故障接点?

[解答]使用二分法寻找接点:第一次先从 1—15 的中间接点猜起是第 8 个接点,第二次从 2—8 的中间接点猜起是第 5 个接点,第三次从 9—15 的中间接点猜起是第 12 个接点,第四次从 3—5 的中间接点猜起是第 4 个接点,第五次从 6—8 的中间接点猜起是第 7 个接点,第六次从 10—12 的中间接点猜起是第 11 个接点,第七次从 13—15 的中间接点猜起是第 14 个接点。通过七次就可以找到故障接点。

生活应用二:

有 12 个大小相同的小球,其中有 11 个小球质量相等,另有一个小球稍重,用天平最少称几次就可以找出这稍重的小球?

[解答]把 12 个小球标上数字 1—12,使用二分法进行称重:第一次称数字标号为 1—6 这 6 个小球。第二次称数字标号为 7—12 这 6 个小球。如果第二次稍重一些,则第三次称数字标号为 7、8、9 这 3 个小球,第四次称数字标号为 10、11、12 这 3 个小球。如果第四次稍重一些,那么第五次称数字标号为 10、11 这 2 个小球。如果这 2 个小球一样重,那么第 12 号小球稍重一些。如果这 2 个小球不一样重,那么第六次称数字标号为 10、12 这 2 个小球。如果 10 号、12 号这 2 个小球一样重,那么第 11 号小球稍重一些。如果 10 号、12 号这 2 个小球不一样重,那么第 10 号小球稍重一些。因此,用天平最少称 5 次或 6 次就可以找出这稍重的小球。

生活应用三:

一工人要维修一条 10km 长的电话线,如何迅速查出故障所在?

[解答]如果沿着线路一小段一小段查找,困难很多。每查一个点要爬一次电线杆子,10km 长,大约有 200 多根电线杆子。因此就可使用二分法:设电线两端分别为 A,B,他首先从中点 C 查起,用随身带的话机向

两端测试时,发现 AC 段正常,断定故障在 BC 段,再到 BC 中点 D,发现 BD 正常,可见故障在 CD 段,再到 CD 中点 E 来看。这样每查一次,就可以把待查线路长度缩减为一半,所以经过 7 次查找,就可以将故障发生的范围缩小到 50～100m 左右,即在一两根电线杆附近。这样就省了很多精力了。

生活应用四:

将一根 2m 长的绳子一分为二,去掉一段,将剩下的一段再一分为二,……,如此继续 10 次后,剩下的一段是多长?

[解答]第一次后,剩下原来的 1/2;第二次后,剩下原长的 1/4;第三次后,剩下原长的 $1/2^3$;……;第十次后,剩下原长的 $1/2^{10}$＝1/1024,即:2×1/1024＝1/512(m)。

生活应用五:

一个正四面体的实心模型,每条棱长都是 1m,用彩纸四面糊好。现在还剩下一块彩纸,正好是 1m 长,0.5m 宽的矩形。假如把这个正四面体锯一刀变成两个,把剩下的彩纸正好用上,这一刀该怎么锯呢?

[解答]取其中四条棱的中点所成的平面,用锯子沿着这个平面锯下去,得到一个半米长的正方形。锯下的两部分的形状与体积完全相同,两个正方形正好用完剩下的那块彩纸。

生活应用六:

沿一张矩形纸较长两边的中线将纸一分为二,所得的两张矩形纸的边缘形状仍然与原来的矩形纸相似,那么这种矩形纸的长与宽之比是多少?

[解答]设长是 x,宽是 y,则 $x:y＝y:x/2$。

得 $x^2/2＝y^2$,$x^2/y^2＝2$,$x:y＝\sqrt{2}$。

本小节应用"二分法"较多,是为了帮助广大股民投资者,能熟练地理解并在股票市场中加以应用。

对立统一规律是唯物辩证法最根本的规律。唯物辩证法认为，任何事物都是一个统一的整体；但是它又分裂为两个既相互联系、相互依赖又相互排斥、相互对立的部分。任何事物的内部都存在着矛盾，矛盾的相互依赖和相互斗争推动着事物的运动和发展。

股票市场同样也存在着矛盾。股市中的牛市与熊市、主力与散户、买进与卖出、多头与空头、上涨与下跌、洗盘与出货、阳线与阴线（K线）、阳柱与阴柱（成交量）、抄底与逃顶、止盈与止亏、风险与收益、投资与投机、流入资金与流出资金、顺势操作与逆向操作、分散投资与集中投资等无不构成了股票市场中矛盾的对立统一体。

1. 技术分析与股票理论的对立统一

目前股市最著名的三大理论是道氏理论、波浪理论、江恩理论。

查尔斯·道是对美国股市运动造诣最深的学者之一，他注意到看似杂乱无章的市场运行中，存在着某种重复与有序性的波动。这种规律简称为"道氏理论"。道氏理论是所有股票技术分析的鼻祖，至今仍最权威、最实用，正所谓"大道至简"！

道氏理论的精髓是：

（1）市场行为包容一切。即市场平均价格指数可以解释和反映市场的大部分行为。

（2）趋势一旦形成必将延续，直到被证明改变了为止。市场波动趋势有三种：主要趋势（大于1年）、次要趋势（大于3周或3个月）、短暂趋势（小于3周）。

（3）大盘背景制约个股表现。

（4）成交量在确定趋势中起决定作用。

（5）收盘价是最重要的价格。

道氏理论的优点与缺陷：对大趋势的研判有较大作用，但是由于只考虑趋势的方向，不能确定趋势发生的准确时间和位置，信号反应迟钝或太迟，其结论落后于价格变化，可操作性差，容易使投资者错失最佳投资时间。

波浪理论是技术分析大师 R. E. 艾略特（R. E. Elliot）所发明的一种价格趋势分析工具，它是一套完全靠观察得来的规律，可用以分析股市指数、价格的走势，它也是世界股市分析上运用最多，而又最难了解和精通的分析工具。

艾略特认为，不管是股票还是商品价格的波动，都与大自然的潮汐、波浪一样，一浪跟着一浪，周而复始，具有一定的规律性，展现出周期循环的特点，任何波动均有迹可循。因此，投资者可以根据这些规律性的波动预测价格未来的走势，在买卖策略上实施使用。

艾略特的波浪理论，有以下要点：

（1）一个完整的循环包括 8 个波浪，五上三落。

（2）波浪可合并为高一级的浪，也可以再分割为低一级的小浪。

（3）跟随主流行走的波浪可以分割为低一级的 5 个小浪。

（4）1、3、5 三个波浪中，第 3 浪不可以是最短的一个波浪。

（5）假如三个推动浪中的任何一个浪成为延伸浪，那么其余两个波浪的运行时间及幅度会趋于一致。

（6）调整浪通常以三个浪的形态运行。

（7）黄金分割率理论奇异数字组合是波浪理论的数据基础。

（8）经常遇见的回吐比率为 0.382，0.500 和 0.618。

（9）第四浪的底不可以低于第一浪的顶。

（10）艾略特波段理论包括三部分：形态、比率及时间，其重要性以排行先后为序。

（11）艾略特波段理论主要反映群众心理。参与市场的人越多，其准确性越高。

波浪理论的优点与缺陷：简单易用，可以提前很长时间预见顶与底，别的技术方法要等到趋势确立之后才能看到。波浪理论可以用一句话概括，即"八浪循环"。具体来说，由于其每一个上升/下跌的完整过程中均包含一个八浪循环，大循环中有小循环，小循环中有更小的循环，即大浪中有小浪，小浪中有细浪。一个完整的价格循环周期，由 5 个上升浪和 3 个下降浪，共 8 浪组成。因此，数浪变得相当繁杂和难于把握，再加上其推动浪和调整浪经常出现延伸浪等变形态和复杂形态，使得对浪的准确划分更加困难，这两点构成了波浪理论实际运用的最大难点。同时，忽视成交量方面的供给影响，这给人为制造股票图形的主力机构提供了机会。

江恩理论是投资大师威廉·江恩（Willian D. Gann）通过对数学、几何学、宗教、天文学的综合运用，建立的独特分析方法和预测股市的理论，并结合他自己在股票和期货市场上的骄人成绩和宝贵经验提出的，包括江恩时间法则、江恩价格法则和江恩线等。江恩认为股市遵循宇宙自然法则，在其53年的投资生涯当中，成功率高达80％—90％，至今备受投资者青睐。

江恩理论的优点是阐述了时间与价位的关系。准确的时间和价位的预测，是其他任何股票理论难望项背的。

江恩理论的缺陷：缺乏对另一市场的重要因素——成交量的描述。因此，江恩理论与道氏趋势理论、艾略特波浪理论相互结合使用，可以起到相互弥补的作用。江恩理论还不够精准，忽略了客观真实物质，不太切合实际应用。他研究的规律前提是无外力的情况下。江恩的分析研判理论体系具有主观色彩，与他的实战操作理论有着本质的区别。江恩的实战操作技术体系，是一种完全客观、定量化的市场追踪体系，他并非为了比市场聪明，而在于努力比其他投资者更聪明。分析起点的选定无法做到客观和确定。江恩理论中的所有分析起点都缺乏客观精确的定义，因而在具体的分析使用中投资者将出现极大的操作使用困惑。而江恩理论的正确分析结果的得出又极大地取决于分析起点选择的好坏。实际分析中不同的起点选定，往往具有完全不同的分析结果。让你在运用中无所适从，举棋不定，错失良机。

许多投资者都热衷于股市技术分析。走进股市，随处可听"某某均线、某某指标"的议论，致使一些投资者，特别是一些新入市的投资者误以为只要掌握了技术分析，就可以在股市中天下无敌，稳操胜券。其实不然，股市是一个由政治、经济、社会、文化、技术、心理、消息、人为等因素影响的庞大而复杂的综合体，技术因素只是其中之一。股市技术分析源于西方国家，至今已有100多年的历史。早期股市中，西方人运用统计学的原理，发明设计了一系列适用于股票交易的分析方法。这些发明创造过程目前仍在全球范围内进行。这些统计分析方法给金融市场的交易带来了革命化推进，也大大促进了整个证券市场向前发展。但是由于股市的复杂性、综合性、偶然性、随机性,任何单一技术指标或分析方法,很难作为股市操作的唯一依据。"电脑模型"是美国长期资本管理公司长期获胜的三大秘密法宝之一,但是1998年的金融动荡,该模型失算多空做反,最终破产。这从另一个侧面强调一个技术指标不能单独使用。股票理论与技术分析相互结合起来使用,买卖胜算概率会大一些。

由于技术分析门类很多,结论往往相互矛盾,让人无所适从。在实战操作过程中,不能迷信技术分析,必须结合宏观经济、国家政策、行业分析和基本面分析,扬长避短,提高技术分析的准确度。

政策对中国股市的影响非常明显。1996年年底"12道金牌"把股市打压暴跌30%。2007年5月30日的股市暴跌、2009年上半年停发新股引发的股市大涨、2010年4月至6月的股市大跌、2014年4月融资融券引发牛市,都和政策有很明显的关系。2015年5月"国家队"证金、汇金救市。因此,中国A股市场是典型的"政策市",政府经常有意识地运用一些政策手段来调控股市的运行。有关学者分析得出结论:政策性因素是造成股市异常波动的首要因素,占总影响的46%;其次才是市场因素占21%,扩容因素占17%,消息因素占12%,其他因素占4%。若把扩容也视作政策性因素,那么该因素的影响上升到63%。

宏观经济对技术分析同样有影响。自2010年11月开始,通货膨胀加剧,对于股市的利空开始显现。如2010年11月5日的跳空缺口与2009年6月1日的经济复苏、无通胀压力时的跳空缺口是很不一样的。由于,宏观经济与国家政策是相互关联的,通常情况下不可以将两者截然分隔开来。

板块效应对个股的影响是非常明显的。同样是突破压力位的股票走势,不同板块的股票,买入的成功率大不相同。如1995年互联网兴起,引发网络股集体暴涨,按照突破的技术分析,买入网络股的成功率较高。2010年稀土板块,引发稀土有色股票集体暴涨。按照突破的技术分析,买入稀土有色股的成功率较高。但是如果是弱势板块,那么突破买入,很可能就是诱多,失败的概率就很大。

基本面同样是非常重要的。在操盘过程中,如果对股票的基本面一无所知,就无法对股票的内在价值进行估值,也就难以确定买进的股票是被严重高估还是严重低估,是处于相对高位还是低位,是处于上涨趋势还是下跌趋势。在这方面,我们要潜心学习股神巴菲特,如何对一只股票的内在价值进行复利估值与评价。当然,在中国A股市场,由于信息的严重不对称,在对股票进行基本面分析的同时,要兼顾技术面分析,从两方面考虑,这样才能洞悉主力操盘的真正意图。这也正是股票市场技术分析的生命力长久不衰的奥秘所在。

总之,在恰当使用技术分析的时候,有利地结合宏观经济、国家政策、行业分析和基本面分析,就可以大大地提高买卖股票的胜算率。从长远的观点看,其成功率可达80%以上。

2. 阳线与阴线(K线)

K线是一条柱状的线条,由影线和实体组成。影线在实体上方的部分叫"上影线",下方的部分叫"下影线"。实体表示一日的开盘价和收盘价,上影线的上端顶点表示一日的最高价,下影线的下端顶点表示一日的最低价。根据开盘价和收盘价的关系,K线又分为阳(红)线和阴(绿)线两种,收盘价高于开盘价是为阳线,收盘价低于开盘价是为阴线。如图1-1所示。1990年,史蒂夫·尼森以《阴线阳线》一书从西方金融界引进了一套强有力的金融市场分析工具——"日本K线图",被西方誉为"K线分析之父"。

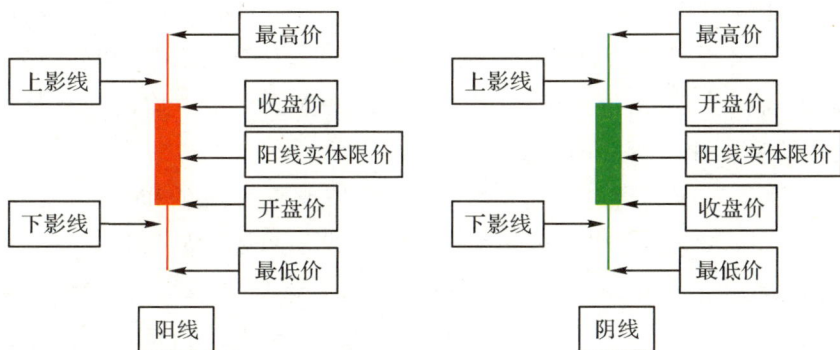

图 1-1

阳线是指股票当日的收盘价比开盘价高,也就是当日股价上涨,在K线图上表示为一条红色的线,称为阳线。阴线,是指当天股票的收盘价比开盘价要低,也就是当天的股价是下跌的,在K线图上表示为一条绿色的线,我们把它称为阴线。当K线为阳线时,并不意味着股价比前一天涨了,只是表示当天收盘价高于当天开盘价。

一般而言,阳线表示买盘较强,卖盘较弱,这时,由于股票供不应求,会导致股价的上扬。阴线表示卖盘较强,买盘较弱。此时,由于股票的持有者急于抛出股票,致使股价下跌。同时,上影线越长,表示上档的卖压越强,即意味着股价上升时,会遇到较大的抛压;下影线越长,表示下档的承接力道越强,意味着股价下跌时,会有较多的投资者利用这一机会购进股票。阴线则反之。

需要说明的是,阳线、阴线与人们通常讲的涨跌有所不同。一般人们讲的涨跌是指当日收盘价与上个交易日收盘价之间的比较。当K线为阳线时,并不意味着股价比前一天涨了,只是表示当天收盘价高于当天开盘价。例如某只股票前一个交易日收盘价为10元,当日开盘价、最高价、最低价和收盘价分别为8元、11元、7元、9元,则该只股票比前一个交易日跌了1元,K线图为一个上影线长度2元,下影线长度1元,实体为1元的阳线。

阴线代表下降趋势,阳线代表上升趋势,一般买阳卖阴。

3. 阳柱与阴柱(成交量)

成交量里的红绿柱怎么看?成交量是技术分析中的可以依靠的为数不多的比较真实的指标,不仅反映在动能上,还反映在判断主力动向上。成交量是股票基础知识中最基础的指标,甚至有时只需要成交量结合K线形态,就可以做出很正确的操作分析。根据成交量对应的矩形柱子的颜色,就可以知道对应的K线收阴还是收阳。

成交量对应其自身的能量柱子,通常情况下为绿色和红色。绿色代表了股价的收盘价要低于开盘价,对应K线是阴线。如果是非常高的绿色柱子,说明股价很可能是高位放量收阴,常常伴随着主力出货;如果是非常低的绿色柱子,则常常对应的是低位缩量调整。相反,红色的柱子,则代表的是股价收盘价高于开盘价,对应的K线是阳线,高的红色柱子通常是股价放量上涨,如果出现在底部,那么后市看涨,低的红色柱子代表的是缩量收阳,单个的缩量小阳意义不大。

股票成交量的红色、绿色是和K线图相对应的,如果K线是绿的,那么成交量就是绿的;如果K线是红的,那么成交量就是红的。K线的红、绿直接体现价格的涨跌,价格涨了,K线就是红的;价格跌了,K线就是绿的。

如果当日是阳线（红线），那么成交量就是红柱子；当日是阴线（绿色），那么成交量就是绿柱子。这个只能反映当日的成交量。它真正的意义在于，突然的爆量和缩量，反映市场参与程度的多少，还有成交量的增长趋势。

4.洗盘与出货

在股票市场，没有枪炮，没有硝烟，但比战争更残酷、更血腥。当一只股票通过一段时间的建仓吸筹后，主力已经能控盘了，就开始着手洗盘，清洗掉浮盈的、跟风的、意志不坚定的散户和其他主力。一般采取的办法是"休克疗法"——即主力不管不问，在自由状态下任其股票下跌。与医生医治重病患者相类似，没法治的时候，不用药也不医治，任由病情自由发展。等股价跌不动，成交量低得不能再低时，主力便开始想着把这只股票做上去。这时K线是几根大阴线，成交量保持小阴小柱，主力在利好政策、言论、舆论、股评家的推动下，一步步地把股票做上去了。等把股票拉到了山顶上，主力又开始想着如何把手中的筹码兑换成现金变现既得利益，全身而退。当1—2根大阴线吹响集结号的撤退命令后，成交量急剧放大，再接着释放出2—4根大阴线"空放炮"，彻底暴露了主力撤退出货的阴谋意图——让散户全部接单，紧紧伴随着的2—4根成交量柱也是大阴柱，主力等出货完毕后，便让股价开始突然大跌、暴跌，随后开始了长达几个月、一年甚至是2—5年的漫漫熊途。一直到股票跌到又具有新的投资价值，被新的主力发现进驻后，又重新开始建仓、吸筹，方才止跌。这样便完成了股票的一个周期性运动变化过程。

5.供给与需求

美国著名经济学家萨缪尔森曾经说过：学习经济学是再简单不过的事了，你只要掌握两件事：一个叫供给，一个叫需求。供给与需求是经济学中的一对矛盾关系。在经济学中，需求是在一定的时期，在一给定的价格水平下，消费者愿意并且能够购买的商品数量。供给是指生产者在某一特定时期内，在每一价格水平上生产者愿意且能够提供的一定数量的商品或劳务。股票市场作为虚拟经济的一部分，需求与供给也是股票市场最大的一对矛盾统一体，就像一枚硬币的两面，是正反关系。股价越高价值越低，价值越高股价越低，这是反向关系。供给带动需求，需求增加带动供给，这是正向关系。在股票市场中，股票作为一种特殊的商品，自身没有价值,是一种代表财产权的有价证券,它包含股东拥有依其持有的股票要求,股份公司按规定分配股息和红利的请求权。股票可以转让,它是一种价值的体现和凭证。它的使用价值就是凭证,依靠股票来获取股息和红利。供求与股价的辩证关系,是股票的内在价值决定股票的价格,股价调节着市场供求关系,而市场供求关系又反作用于股价,形成股票市场价格上下波动与基本运动的主要因素。因此,它们是相互影响、相互制约、辩证统一的。

第四节 二分之一平均值法计算股票的阻力位

股票市场，是一个多方与空方、主力与散户、流入资金与流出资金等各方面相互影响、相互制约、相互抗衡、相互转化的过程，双方争斗的结果是趋于妥协、胶着的均衡状态。这时大盘与个股股票相处的位置，就是股票市场通常所说的"阻力位置"或者"支撑位置"，简称"阻力位"或者"支撑位"。"阻力位"与"支撑位"用数学解释就是二分之一平均值法，常常用这种方法来计算股票的阻力位与支撑位的价格。

如果你以50元的价格买了一只股票，由于不景气，股票一路下跌，最后跌至20元，接着又开始反弹。这时，你是割肉卖出股票，还是补仓加码再买进股票？

当你犹豫选择，无法做出准确判断时，二分之一平均值法将会给出你明确的答案。如图1-2所示。你将最高点的50元与最低点的20元，加起来除以2，得其平均价格为35元。如果这只股票主营业务开始慢慢变好，利润开始增加，同时大盘也向好的趋势发展，那么我们看到股票反弹比较强劲，股价由20元一路可能先爬升回到35元左右，这就是反弹的第一道阻力位置。

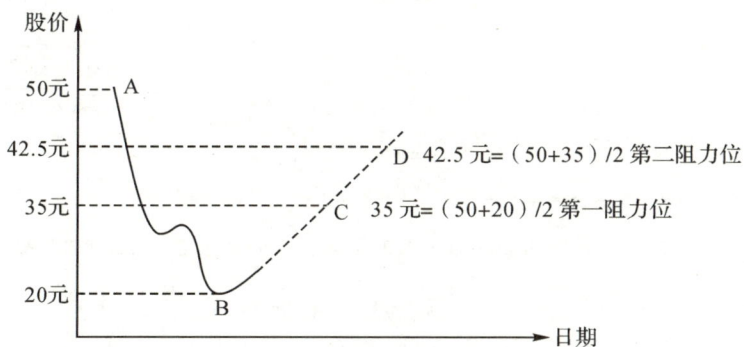

图 1-2

可能许多股民因大盘跌跌不休，阴雨连绵，叫苦连天，只想早一天换掉自己手中的股票，那么35元可能是你要考虑的第一参考卖点。

在股票波段反弹时，决定投资人卖点的最佳依据是："一只股票波段的高点价格与低点价格加起来除以 2,来求取中间卖出价位。"这种股票的二分之一平均价格法,经过验证准确性极高。聪明的投资人,不妨试一试。

当然,由于反弹比较强劲,股价一下子冲过了 35 元,那么下一个阻力位置会在哪里呢?答案是 42.5 元。怎么计算出来的?就是 50 元加上 35元后除以 2 得到的。因此,42.5 元是这波反弹的第二道阻力位置。如果按此方法计算下去,第三道阻力位是(50+42.5)÷2=46.25(元)。第四道阻力位是(50+46.25)÷2=48.125(元)。最后,最大的阻力位会出现在 50 元。

一、二分之一平均值法计算大盘指数的阻力位

请看图 1-3 是"2009 年 6 月 10 日—2015 年 3 月 18 日 000001 上证指数日线走势截图"。

图 1-3　2009 年 6 月 10 日—2015 年 3 月 18 日 000001 上证指数日线走势截图

在图 1-3 中,大盘自 2009 年 7 月 31 日爬升到 3478.01 点的阶段高点后,由于上涨动能几乎始尽,于是开始长达 3—5 年的漫漫熊途。如果以最小的下跌波段 1849.65—2444.80 点为例进行"二分之一平均值法"计算,大盘在 2013 年 6 月 24 日下跌到最低点 1849.65 点,然后开始止跌反弹。那么第一反弹阻力位在哪里呢?

第一阻力位:(2444.80+1849.65)/2=2147.225(点)。

可以看到当大盘在第一阻力位(2248.94)处稍作修整,跌到2193.26点,再次冲击第二阻力位。

第二阻力位:(2444.80+2193.26)/2=2319.03(点)。

大盘在冲到2391.35点附近的第二阻力位处又休息调整了10天左右,跌到2279.84点,就挑战最大的关卡2444.80点。经过2天的上冲一举冲关通过,处在大波段1849.65—3478.01点,一路高歌攀升,上涨到3404.83点,冲关不过,又在关卡3404.83点处进行半个月左右的休整。

二、二分之一平均值法计算个股股票的阻力位

图1-4是"2009年6月19日—2016年1月7日600307酒钢宏兴日线走势截图"。

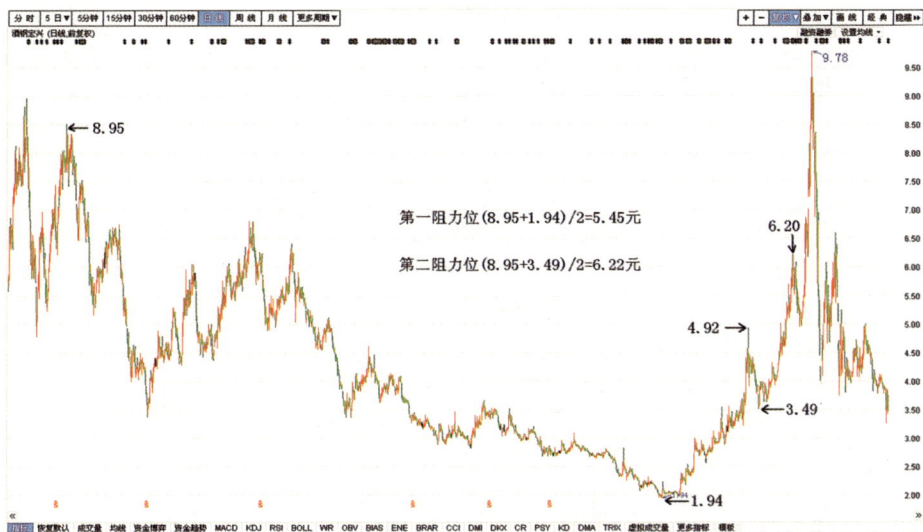

第一阻力位(8.95+1.94)/2=5.45元
第二阻力位(8.95+3.49)/2=6.22元

图1-4 2009年6月19日—2016年1月7日600307酒钢宏兴日线走势截图

600307酒钢宏兴这只股票自从2009年8月6日8.95元开始,在长达9个多月的时间里,一直走在下跌通道之中,在2014年5月9日1.94元股价的位置开始止跌反弹,反弹的第一阻力位在哪里呢?

第一阻力位:(8.95+1.94)/2=5.45(元)。

当然可以看到股价在第一阻力位4.92元附近,经过4周左右的充分调整,跌到3.49元,开始冲击第二阻力位。

第二阻力位:(8.95+3.49)/2=6.22(元)。

股价在冲到 6.20 元附近的第二阻力位附近,休整了大约 4 周时间,跌到 4.92 元,又开始冲击最大的关卡 8.95 元。在 2015 年 6 月 9 日一举冲关通过,并上涨到阶段性高点 9.78 元。因成交量过于放大,第二天便开始回落。

第五节　二分之一平均值法计算股票的支撑位

假设一只股票股价由 20 元开始涨，涨到 50 元后回落并开始翻转向下，虽然是下跌初期，我们能否预知这只股票会跌到哪里？

判断方法仍是应用二分之一平均值法：起涨点 20 元加上最高点 50 元，再除以 2，就可预知股价滑落到 35 元左右遇到第一道支撑。如果第一道支撑跌破了，还要继续向下滑，那么在 27.5 元左右将会遇到第二道"强力支撑"。如图 1-5 所示。

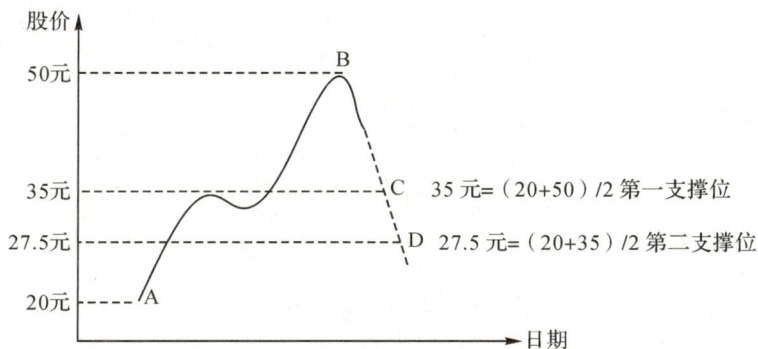

图 1-5

当股价或大盘指数上涨超过 50%，甚至涨势更强劲，突然滑落后又遇到支撑反弹，回拉位置，一般很少滑落到第二道"强力支撑位"。即使遇上或者跌破，不要惊慌，通常情况下都是立即出现反弹拉回。这就是强力支撑的作用。

当然，当遇到经济不景气、重大利空情形时，个股或大盘指数有可能会跌破"强力支撑位"。但是，你仍可以继续使用"二分之一平均值法"计算下一个支撑位置。

第一章　股票市场的二分法

一、二分之一平均值法计算个股股票的支撑位

图 1-6 是“2016 年 3 月 23 日—2017 年 2 月 27 日 002486 嘉麟杰日线走势截图”。

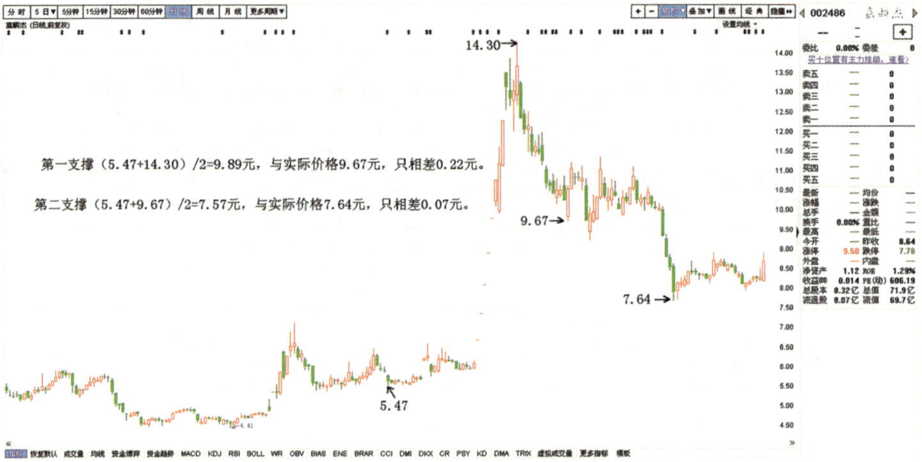
14.30
第一支撑（5.47+14.30）/2=9.89元，与实际价格9.67元，只相差0.22元。
第二支撑（5.47+9.67）/2=7.57元，与实际价格7.64元，只相差0.07元。
9.67
7.64
5.47
002486

图 1-6　2016 年 3 月 23 日—2017 年 2 月 27 日 002486 嘉麟杰日线走势截图

在图 1-6 中，观察 002486 嘉麟杰在价格 4.41—7.10 元之间的日线走势。在 2016 年 7 月 14 日当天，5 日线 5.21 元、181 日线 5.31 元、233 日线 5.30 元三条线基本汇聚黏合，由于量能不足，上涨了 4 天时间，股价于 7.10 元处开始回落。刚上涨便开始回落，股票要跌到哪里去呢？“二分之一平均值法”可以计算出股票在 5.76 元获得一个有力的支撑：(4.41＋7.10)/2＝5.76(元)。又经过 13 天左右的反复震荡，股价在 5.47 元向下跳空下探后，在 4—7 天的时间里，股价都没有低于 5.47 元。又经过慢坡爬行，于 9 月 17 日向上跳空高开，打开了上涨空间，第二天到了 6.56 元，基本跃过了颈线位 6.44 元。又经过 12 天左右的震荡反复，虽然在 9 月 30 日只上涨了 2.37%，但是第二天之后，停牌长达一个月，于 10 月 31 日开始连续几天，无量跳空连拉 5 个涨停板，随后又接着放量连拉差不多 3 个涨停板，继续跳空上涨，最后上涨乏力，第四天 11 月 15 日股价达到最高价 14.30 元，便开始回落，一路下跌。跌向何方？

“二分之一平均值法”又可以计算出第一支撑位在 9.89 元附近，股价跌了半个月左右，于 12 月 5 日在 9.67 元附近真的好像有支撑一样，即第

一支撑位(5.47+14.30)/2=9.89(元),开始止跌反弹,与实际价格 9.67元,只相差 0.22 元。

虽然第五天跌落至 9.17 元,但是被拉回后,开始长达 20 天左右的横盘震荡。于 2017 年 1 月 11 日,开始跳空向下急跌下滑。滑落何方?"二分之一平均值法"又可以计算出第二支撑位在 7.57 元附近,2 天后,即 1月 13 日获得一个有力的支撑,便开始第二波止跌反弹。即第二支撑位(5.47+9.67)/2=7.57(元),与实际价格 7.64 元,只相差 0.07 元。

有了"二分之一平均值法",下次遇到股价回调,可以计算第一支撑位、第二支撑位、第三支撑位……总之,有可能的话,一路下滑都可以计算下去,不至于慌慌张张、无所适从,胡乱买卖股票。

二、二分之一平均值法计算大盘指数的支撑位

"二分之一平均值法"计算支撑位置,不仅用于个股股票,还适用于大盘指数。

图 1-7 是"2006 年 12 月 12 日—2008 年 8 月 7 日 000001 上证指数日线走势截图"。

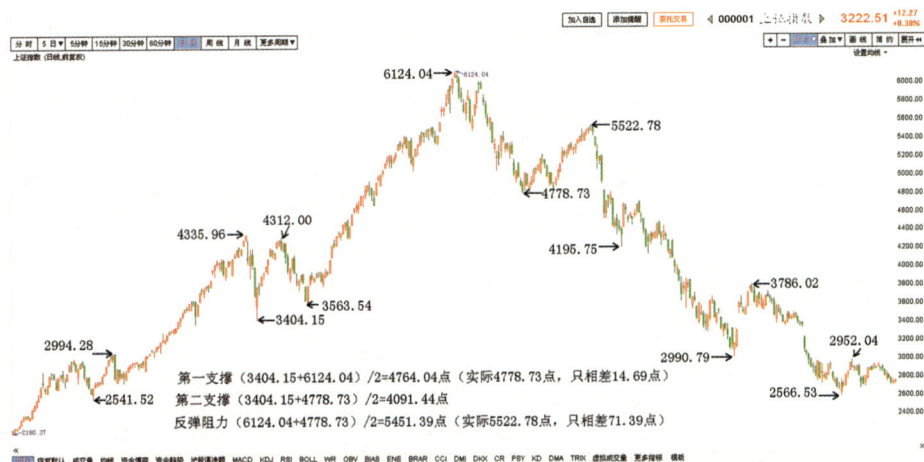

第一支撑(3404.15+6124.04)/2=4764.04点(实际4778.73点,只相差14.69点)
第二支撑(3404.15+4778.73)/2=4091.44点
反弹阻力(6124.04+4778.73)/2=5451.39点(实际5522.78点,只相差71.39点)

图 1-7   2006 年 12 月 12 日—2008 年 8 月 7 日 000001 上证指数日线走势截图

在图 1-7 中,大盘在 2007 年 5 月 30 日经过暴跌震荡后,一路爬升到6124.04 点,之后大盘一路下滑。那么大盘在什么时候开始止跌反弹呢?下滑的第一支撑点在哪里,如何判断?这时如果利用二分之一平均值法,

就可以计算出第一支撑位 4764.04 点，即（3404.15＋6124.04）/2＝4764.04（点）。大盘真的好像在这个位置附近有支撑一样，果然在下滑到4778.73 点开始止跌反弹，与实际运行走势只相差 14.69 点。

大盘止跌反弹后，上方阻力位置在哪里呢？如果利用二分之一平均值法，就可以计算出阻力位在 5451.39 点，即（6124.04＋4778.73）/2＝5451.39（点），与实际情况 5522.78 点，只相差 71.39 点。

当大盘跌破日线 181 均线之后，紧接着又跌破了日线 233 均线，便一路下跌，不知跌向何方？就可利用二分之一平均值法计算出第二支撑位在 4091.44 点，即（3404.15＋4778.73）/2＝4091.44（点）。也没有阻挡住大盘滑落的速度，一直"跌跌不休"。大盘于 2007 年 10 月 16 日 6124.04点开始，走向了急速暴跌的一年。于 2008 年 10 月 28 日在 1664.93 点止跌，暴跌 72.8％。可谓 A 股尸横遍野，一片哀号。

大盘指数冲关到 5522.78 点终于上涨乏力，与实际走势只相差71.39 点，就开始了新一轮的下跌。

第二轮下跌后，大盘在哪里获得支撑呢？如果利用二分之一平均值法，马上就可以计算出第二支撑位在 4091.44 点，即（3404.15＋4778.73）/2＝4091.44（点）。通常第二支撑极为强劲，一旦跌破，短线行情极为疲弱，继续寻找向下支撑。

研判股市行情最重要的一项就是未卜先知，要能提前"预知"个股或大盘指数的支撑位置与阻力位置究竟在哪里。如果掌握了"二分之一平均值法"，你便拥有了能通晓股市，并"预知未来"的本领。在股市中，买卖股票游刃有余，得心应手，不至于眉毛胡子一把抓，只靠瞎蒙瞎猜，到处打听小道消息，乱买乱卖一通了。

第二章

K 线圆模式操作

　　如果把"一分为二"的认识方法与手段应用在股票市场进行买卖操作，就是 K 线圆股票操作模式。它是一种最简单的股票操作模式，可以使人们认识到股票市场的基本运行轨迹与规律。

第一节 什么是K线圆操作模式

以一只股票K线运行的波段的最高价对应的最高点,画一条垂直线作为x轴,最低价对应的最低点画一条水平线作为y轴,建立直角坐标系,再以最低点到坐标系原点的距离为圆的半径,就可以作出一个K线圆图形了。其实,在股票实际运行的过程中,水平方向的左右半径与垂直方向的上下半径是不对等的。因此,K线圆应该是一个K线椭圆,即K线圆与直角坐标系有四个顶点,左顶点对应着波段K线的最高点,下顶点对应着波段K线的最低点,右顶点对应着波段K线的起涨价(第一)买点,下顶点对应着波段K线圆周期运动的目标预测的出货价与卖点。前2个价格是K线波段的实际走势价格,是K线实价。第3个价格——起涨价,是主力在拉升股票前与波段最高点最高价比较衡量的最高成本价。在理论圆模式操作中,二者价格基本相同。但是在实际股票运动趋势中,可能略高或略低,即起涨价约等于波段最高价。第4个价格——出货价,是主力在拉升一只股票前目标预测的价位,一般是波段K线最低价的2倍,即对应着圆周直径的最高点。这也是主力在拉升完一只股票后,要出货赚取利润的位置。因此,出货价是虚拟价格,目标预测价格,不是实价。一般来说,一只普通的股票在整个拉升过程完成后,基本上都可以达到这个目标预测价。否则,主力拉升要做赔本的买卖。但是如果股票有业绩支撑、技术创新、新产品问世、并购、重组、收购、分红等重大题材,K线走势的实际价位往往会超越这个目标预测价。

K线只要运行过了水平轴这条颈线位置,就进入了爬升、拉抬股价的主升浪行情,其拉升阶段的涨幅就是K线圆的半径,即K线波段最低点到原点的距离。

最高涨幅＝波段最低价对应的最低点到原点的距离的2倍

最高涨幅＝("波段最高价"－"波段最低价")＋"波段最高价"

最高涨幅＝"波段最高价的2倍"－"波段最低价"

聪明的读者,在这里你也可以给出最低跌幅的计算公式:

最低跌幅＝("波段最低价"－"波段最高价")＋"波段最低价"

最低跌幅＝"波段最低价的 2 倍"－"波段最高价"

如果 K 线波段最高价用 a 表示，K 线波段最低价用 b 表示，则 K 线波段的涨跌幅度可以用如下计算公式表示：

最高涨幅＝(a－b)＋a＝2a－b   ①

最低跌幅＝(b－a)＋b＝2b－a   ②

公式①②就是广大股民在股市中计算股价涨跌幅度的计算公式。这也就是股市圆周期波动的秘密。

一般情况下，K 线圆的下顶点对应着波段 K 线的最低点，K 线圆的上顶点对应着波段 K 线的最高点。

由左顶点运行到下顶点，再运行到右顶点，按逆时针方向运行。由右顶点运行到上顶点，再返回到颈线位对应的左顶点，按顺时针方向运行。

按照 K 线圆的运行曲线进行股票操作的过程，称为"K 线圆模式操作"。此模式的股票形成底部是一个 V 型或 U 型底，也称"V(或 U)型 K 线圆股票操作模式"。其操作流程如图 2-1"V(或 U)圆弧型 K 线圆模式操作流程图"所示。一般来说，如果在 K 线圆的下半圆内形成 V(或 U)型圆弧型底部，相应地在上半圆内 K 线运行就形成了一个倒 V 字型或倒 U 字型成型顶部。在股市走势图上，常常被称作"单重底"或"单重顶"股票操作。

由于股票随着时间向右侧运行，K 线圆的上半圆部分相应向右侧运行。因此，股票的实际运行曲线应在上下分开的两个半圆内：下半圆是 K 线按逆时针方向进行建仓、吸筹的运行区域，上半圆是 K 线按顺时针方向进行洗盘、拉升、出货的运行区域。

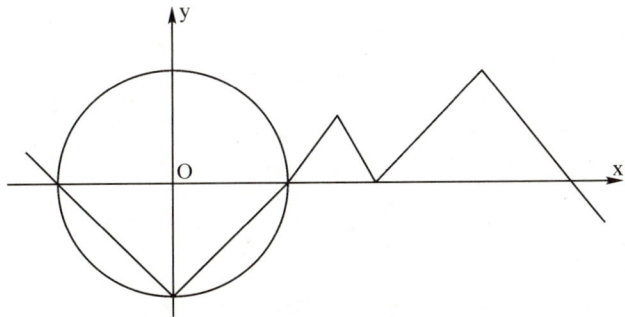

图 2-1　V(或 U)圆弧型 K 线圆模式操作流程图

相应地,如果在 K 线圆的下半圆内形成了"W 型双重底"建仓、吸筹,那么对整个 K 线圆进行股票操作就是"双重型 K 线圆操作模式"。如图 2-2"双重型 K 线圆模式操作流程图"所示。一般来说,双重型 K 线圆模式操作,运行的 K 线在上半圆区域内进行洗盘、拉升、出货,就形成了"M 型双重顶"成型顶部。在股市走势图上,常常被称作"双重底"或"双重顶"股票操作。

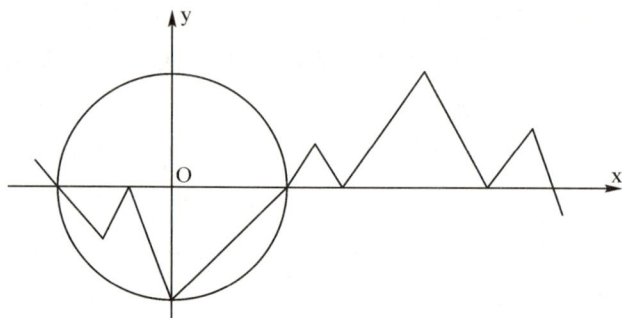

图 2-2 双重型 K 线圆模式操作流程图

相应地,如果在 K 线圆的下半圆区域内,K 线运行出现了"三重底或多重底"建仓、吸筹,那么对整个 K 线圆进行股票操作就是"三重(或多重)型 K 线圆操作模式"。如图 2-3"三重型 K 线圆模式操作流程图"所示。一般来说,三(或多)重型 K 线圆操作模式,运行的 K 线在上半圆区域内进行洗盘、拉升、出货,就形成了"三重顶或多重顶"成型顶部。在股市走势图上,常常被称作"三(多)重底"或"三(多)重顶"股票操作。

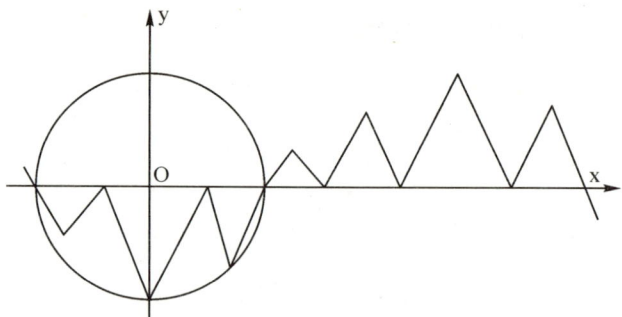

图 2-3 三重型 K 线圆模式操作流程图

第二节 股票的运行时间与运行速度

在通常情况下，股价的建仓、吸筹（洗盘），往往都是在 K 线圆的圆周内运行。股价的拉升、洗盘、出货，往往都是在 K 线圆的逃逸区域之外运行，即在 K 线圆的圆周外运动。形似物理学上的机械圆周运动，K 线的股价在做圆周的向心或离心运动。把股价在 K 线圆内的建仓、吸筹（洗盘）运行，称为股票的"向心运动"，其股价运行的速度称为"第一股票速度"。在 K 线圆外的拉升、洗盘、出货运行，称为股票的"离心运动"，其股价运行的速度称为"第二股票速度"。其计算方式如下：

第一股票速度＝股票建仓时段的第一、二根 K 线的收盘价的差值

第二股票速度＝股票拉升时段的第一、二根 K 线的收盘价的差值

其实，股价在吸筹、洗盘、出货时段也在运行，也存在着运行速度。聪明的读者，你可能会仿照股价的第一股票速度与第二股票速度，给出股价在吸筹、洗盘、出货时段的运行速度。为此，股价的吸筹速度、洗盘速度、出货速度分别为：

股票的吸筹速度＝股票吸筹时段的第一、二根 K 线的收盘价的差值

股票的洗盘速度＝股票洗盘时段的第一、二根 K 线的收盘价的差值

股票的出货速度＝股票出货时段的第一、二根 K 线的收盘价的差值

也许你会问：股价完成一个 K 线圆圆周运动，运行时间周期最多为多少天？最少为多少天？

运行的最少时间周期 T_1 为：启动第一根 K 线的最低价÷第一股票速度。

运行的最多时间周期 T_2 为：启动第一根 K 线的最高价÷第一股票速度。

因此，股价完成一个 K 线圆的时间周期大约在 T_1 与 T_2 之间。在实际计算中，取股价运行最多的时间周期 T_2。

股价在第一股票速度下运行，在建仓时段与吸筹（洗盘）时段所运行的时间基本上是一致的。股价在第二股票速度下运行，在拉升时段与出货时段所运行的时间基本上也是一致的。当然，强势股票还有二次或三

次拉抬股价,其二次(或三次)拉抬股价时段与出货时段在运行时间上也是基本一致的。

股票建仓时段的运行时间＝股票建仓时段的第一根 K 线的收盘价÷第一股票速度

股票拉升时段的运行时间＝股票拉升时段的第一根 K 线的收盘价÷第二股票速度

聪明的读者,仿照股价建仓时段、拉升时段的运行时间,你能给出股价的吸筹运行时间、洗盘运行时间、出货运行时间的计算公式吗?

一、大盘指数的运行速度与运行时间

000001 上证指数在波段区间(3478.01 点,1849.65 点)内,日线走势形成了一个 K 线圆。具体阅读本书第二章第四节"K 线圆模式的支撑与支撑位"图 2-8 有关 000001 上证指数 K 线圆的分析。

000001 上证指数在 2013 年 6 月 25 日—2015 年 6 月 12 日,历时差不多两年的大牛市中,形成了一个 K 线圆圆周运动。在 2013 年 6 月 25 日,这波大牛市启动的第一天,第一根光头光脚的 K 线开盘价为 1948.32 点、最高价为 1963.57 点、最低价为 1849.65 点、收盘价为 1959.51 点,第二根 K 线开盘价为 1954.47 点、最高价为 1959.16 点、最低价为 1922.82 点、收盘价为 1951.50 点,所以 000001 上证指数完成一个 K 线圆的股价平均运行速度为(1959.51－1951.50)＝8.01(点/天),运行的时间周期为(1963.57÷4.04)＝485(天),实际运行时间为 482 天(阳线 278 根、阴线 203 要、平线 1 根,只相差 3 天)。

上证指数建仓时段的第一速度为(1959.51－1951.50)＝8.01(点/天)。

上证指数建仓时段的运行时间为 1959.51÷4.04＝485(天)。

二、个股股票的运行速度与运行时间

002110 三钢闽光在波段区间(3.97 元,9.51 元)内,日线走势形成了一个 K 线圆。具体阅读本书第二章第五节"K 线圆颈线的阻力与阻力位"图 2-11 有关 002110 三钢闽光 K 线圆的分析。

002110三钢闽光在2014年1月20日—2015年6月12日,形成了一个K线圆圆周运动。2014年1月21日,启动的第一根K线是稍微带有一点上影线的小阳线,开盘价为4.01元、最高价为4.07元、最低价为4.00元、收盘价为4.06元。紧跟着第二根K线也是稍微带有上下影线的小阳线,比第一根K线稍长些,开盘价为4.07元、最高价为4.19元、最低价为4.04元、收盘价为4.16元。所以002110三钢闽光完成一个K线圆的股价平均运行速度为(4.16-4.06=)0.10(点/天),运行的时间周期为(4.06÷0.1=)40.6(天),实际运行的时间为25天。

三钢闽光建仓时段的第一速度为(4.16-4.06=)0.10(点/天)。

三钢闽光建仓时段的运行时间为(4.06÷0.10=)40.6(天)。从2014年1月20日—3月3日,建仓时段的实际运行时间为25天(阳线7根、阴线15根、平线3根,只相差15.6天。由于实际建仓时间不够,后面所用的洗盘时间就比较长)。

第三节　K线圆模式的颈线画法

颈,颈位,即颈部,上接头部,下连躯干,是咽喉所辖之地。五脏之血气必经咽喉送达头脑滋养五官。五谷之精、天地之气必经咽喉导入体内。在军事上,连接宽阔的狭窄地带被命名为"咽喉要道",是兵家必争之地。颈位,应用在股票市场,俗称"颈线",是庄家资金布局、发动行情最重要的关卡,胜败在此一举。

在股票运行的走势中,判断颈线的位置相当重要:一是利用颈线可以判断股票是做空还是做多;二是利用颈线可以判断个股与大盘的趋势是上涨还是下跌;三是利用颈线可以做出判断股票是卖出还是买进。因此,颈线是股市中最重要的生命线。

一、什么是颈线

股票术语。如果是一个 V 或 U 型波段,取波段的最高点,画一条水平线,这条水平线就是颈线,也称 V 或 U 型波段的历史颈线。当然,这条颈线可以是一水平直线,也可以是向上或向下的斜线。如果是 W 型波段,取波段双峰间的高点画一水平线,由于双重顶完成后突破颈线,从图形上可看出,非常类似英文字母"M",故双重顶又可称"M"头。这条颈线就是 W 型波段的历史颈线。

颈线位就是所谓的突破线,也叫压力线或阻力线。按照技术分析,股价过了颈线位,股票就上涨。反之,股价没有过颈线位,股票就下跌。

从形态特征来说,颈线就是高点连线。

二、颈线的作用与意义

颈线是股市的生命线,当指数或股价站稳在颈线上方时,投资者可以看多做多;当指数或股价有效跌破颈线时,投资者应该看空做空。

颈线的重要作用,体现在它用一条直线把多空双方的界线划分得清清楚楚,就是局外人也能看清楚什么是多方阵地,什么是空方阵地。作为多方,在空方打压下,无论如何退让,一定不能让空方将颈线击穿。如果往下击穿了,多方就会溃不成军,兵败如山倒;反之,在空方领地中,多方进行反击时,空方要守住自己的阵地,最后一道防线就是不能让多方突破颈线,一旦往上突破成功,空翻多的现象就会出现,空方就得乖乖地向多方缴械投降。正因为颈线在多空双方搏斗中有着性命攸关的作用。因此,人们才会把颈线看作股市的生命线。

根据买进要谨慎的原则,在用颈线研判大势是否向上时,应尽可能把时间拉长,这样研判出来的结论就相对比较可靠。可以选择周 K 线走势图并将图进行浓缩,这样,多方主力发力突破颈线存在骗线的可能性就大大减少了。反之,根据卖出要果断的原则,分析股指(股价)向下突破颈线的图形,时间上可大大缩短,用日 K 线走势图分析就足够了。

在股市中做死多头和死空头都是不必要的。死多头在股市下跌时每次被套牢,不知道如何规避风险,死空头在股市上涨时每次踏空却不知道如何赚钱。因此,要想在股市中做一个赢家,该做多时则做多,该做空时则做空。

至于什么时候做多,什么时候做空,颈线就是做多做空的风向标之一。通常,当股价往上涨时,应密切观察股价上涨能否有效突破颈线位。比如,人们常说的双底、头肩底没有往上突破颈线之前都不能成立,只有股价突破了颈线,才可说这是双底、头肩底。如果投资者发现股价站稳在颈线上方,就应该毫不犹豫地加入多方阵地;而股价往下跌时,则要高度警惕股价的下跌会不会击穿颈线。比如双顶、头肩顶,在股价没有击穿颈线之前都是无效的,只有股价击穿颈线,才可说双顶、头肩顶。如果投资者发现股价有效击穿颈线时,那就应该赶快多翻空,将筹码抛空出局。

这里需要指出的是,当指数或股价往上突破颈线时,颈线位的压力作用是不可小视的。通常,只有当指数或股价能轻松地突破这一成交密集区,并将此颈线变压力为支撑后,行情才能真正乐观起来。反之,当指数或股价往下击穿颈线时,颈线位的支撑作用也应值得重视。一般而言,只有在指数或股价击穿颈线位的支撑,后市将此颈线位变支撑为压力后,行情才会变得悲观起来。

总之,这一操作方法看似简单,但对投资者把握市场机会来说是至关重要的。经验证明,不懂得根据颈线的突破或击穿,果断地进行做多或做空,那么投资者就会错过许多重要的买进和卖出的时机,致使投资遭受重大损失。

三、颈线的画法

股票中"颈线"不等于压力线或支撑线,颈线只在特定的技术分析图形中才有,譬如头肩形、WM 形等。头肩形的颈线是这样画的,在两次调整的低点(对头肩顶)或两次反弹的高点(对头肩底)进行连线,这条直线就是"颈线",所以你可以利用软件中的画直线来完成。W 底的"颈线"也类似,也是以调整的低点(对 M 形)或反弹的高点(对 W 形)进行连线,此时一点作线要注意,可以是水平线(这是标准的图形),也可以画与高点或低点的平行线。

股票中的"颈线"在技术分析中,对后市的预测是相对比较准确的。

(一)圆弧型颈线的画法

一个波段的圆弧底成型,以波段的最高点 A、最低点 B 就可以画出一个 K 线圆,以点 B、点 D 分别画 2 条水平切线,形成下颈线 T_1、上颈线 T_2。一般股票遇下颈线 T_1 形成买点成底,如 B 点为买点,是一个波段的最低点;遇上颈线 T_2 形成卖点成顶,如 G 点为卖点,是一个波段的最高点。如图 2-4"圆弧型 K 线圆的颈线"所示。

(二)双重型颈线的画法

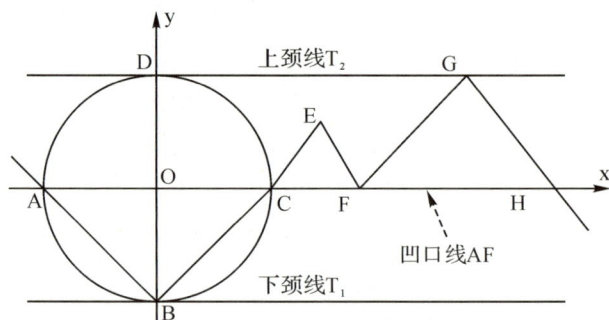

图 2-4　圆弧型 K 线圆模式的颈线图

一个波段的双重底成型,以波段的最高点 A、最低点 D 就可以画出一个 K 线圆,以点 D、点 F 分别画 2 条水平切线,形成下颈线 T_1、上颈线 T_2。一般股票遇下颈线 T_1 形成买点成底,如 D 点为买点,是一个波段的最低点;遇上颈线 T_2 形成卖点成顶,如 I 点为卖点,是一个波段的最高点。如图 2-5 "双重型 K 线圆模式的颈线图"所示。

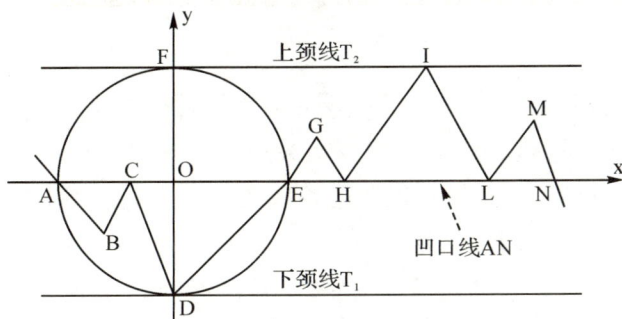

图 2-5　双重型 K 线圆模式的颈线图

(三)三重(或多重)型颈线的画法

一个波段的三重底成型,以波段的最高点 A、最低点 D 就可以画出一个 K 线圆,以点 D、点 H 分别画 2 条水平切线,形成下颈线 T_1、上颈线 T_2。一般股票遇下颈线 T_1 形成买点成底,如 D 点为买点,是一个波段的最低点;遇上颈线 T_2 形成卖点成顶,如 M 点为卖点,是一个波段的最高点。如图 2-6 "三重型 K 线圆模式的颈线"所示。

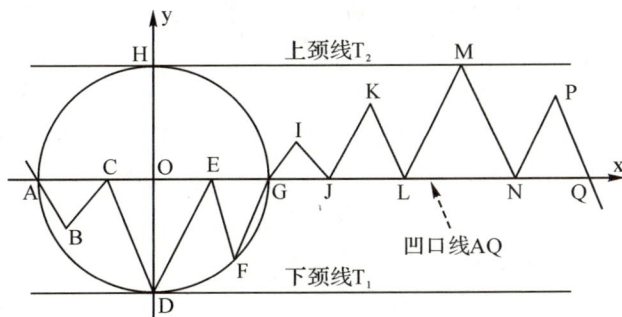

图 2-6　三重型 K 线圆模式的颈线图

第四节　K线圆模式的支撑与支撑位

一般来说,股票在颈线上或颈线的上方运行获得支撑,该颈线位为支撑位。K线向上穿过颈线的位置都是买点。

在图2-4"圆弧型K线圆模式的颈线图"中,凹口线AH为颈线,当K线二次穿过颈线AH后,形成了2个买点,C点为第一买点,F点为第二买点,F点之后为股票的主升浪阶段。如在近期内出现热点、题材的股票,其运行轨迹基本上都是圆弧型模式操作。

在图2-5"双重型K线圆模式操作流程图"中,凹口线AN为颈线,当K线跌穿颈线AN后,形成了三个买点,E点为第一买点,H点为第二买点,L点为第三买点。L点之后为股票的主升浪。如洗盘充分、主力控盘能力强的股票,其运行轨迹基本上都是双重型模式操作。

在图2-6"三重型K线圆模式的颈线图"中,凹口线AQ为颈线,当K线三次穿过颈线AQ后,形成了四个买点,G点为第一买点,J点为第二买点,L点为第三买点,N点为第四买点。L点之后为股票的主升浪。如洗盘不充分、主力控盘能力不太强的股票,还要经过多次洗盘、清理浮筹后,上穿L点之后股票才有可能进入主升浪阶段,其运行轨迹基本上都是三(或多)重型模式操作。

一、上证指数颈线的支撑与支撑位的画法

图 2-7 是"2017 年 2 月 23 日上证指数日线走势颈线截图"。

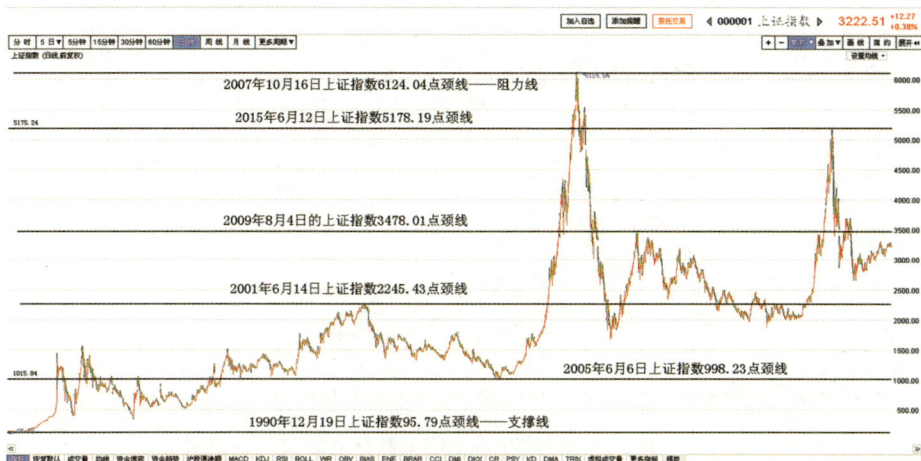

图 2-7 2017 年 2 月 23 日上证指数日线走势颈线截图

自从 A 股于 1990 年 12 月 19 日 95.79 点成功登陆深市以来,经过了差不多 30 年的曲折发展,历史上出现了 6 次大级别的颈线位:第一次是 1990 年 12 月 19 日上证指数的启动 95.79 点,是历史上最低的颈线位,也是历史上最低的支撑线。第二次是 2001 年 6 月 14 日上证指数 2245.43 点的颈线位。第三次是 2005 年 6 月 6 日上证指数 998.23 点的颈线位。第四次是 2009 年 8 月 4 日上证指数 3478.01 点的颈线位。第五次是 2007 年 10 月 16 日上证指数 6124.04 点的颈线位,是历史上最高的颈线位,也是历史上最高的阻力线。第六次是 2015 年 6 月 12 日上证指数 5178.19 点的颈线位。目前上证指数在颈线位 2245.43－3478.01 点区间震荡运行。在图 2-7 的每一运行区间中,以上证指数的最高点与最低点分别画一水平趋势线,即为上证指数的颈线。当上证指数运行在颈线位的上方时,视为支撑线或支撑位,所在区域为支撑区。当上证指数运行在颈线位的下方时,视为阻力线或阻力位,所在区域为阻力区。

图 2-8 是"2017 年 3 月 29 日上证指数在波段区间（3478.01 点，1849.65 点）日线走势颈线截图"。

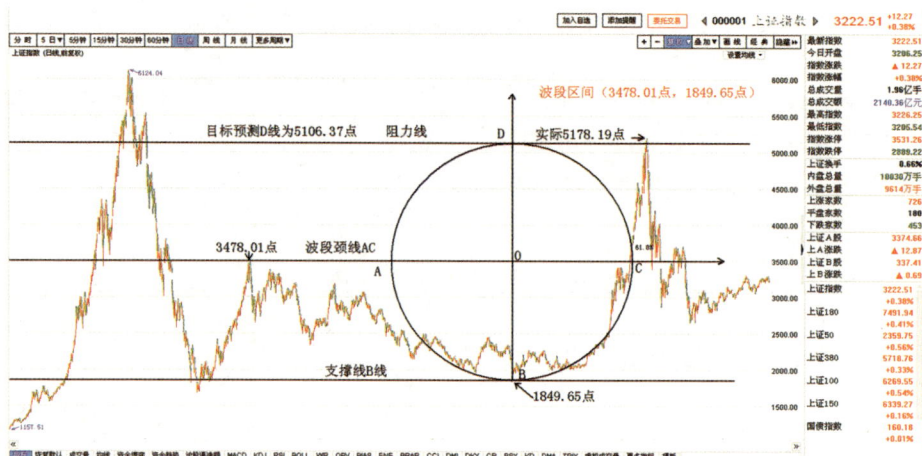

图 2-8　2017 年 3 月 29 日上证指数日线走势颈线截图

为方便起见，取上证指数在 2013 年 6 月 25 日 1849.65 点（B 点）至 2009 年 8 月 4 日 3478.01 点（A 点）的运行为一区间段（3478.01 点，1849.65 点），以区间的最高点 3478.01 点画一水平方向的轴，以区间的最低点 1849.65 点画一垂直方向的轴，建立直角坐标系，并画出一个 K 线圆，如图 2-8 所示。区间半径为 3478.01－1849.65＝1628.36（点），即预测的上证指数涨幅为区间半径的 2 倍，也即 K 线圆的直径。

预测涨幅：（3478.01－1849.65）＋3478.01＝5106.37（点）。

在 K 线圆 O 上，分别以 B 点、D 点画一水平趋势线，当上证指数运行在 B 线上方，B 线 1849.65 点为支撑颈线，是区间底部实际趋势的颈线位。在支撑线 B 线上方都是支撑区域或支撑位置。如果上证指数运行在 AC 线上方，AC 线 3478.01 点为支撑颈线，是区间历史的实际颈线位。如果上证指数运行在 D 线上方，D 线 5106.37 点为支撑颈线，是区间顶部预测趋势的颈线位，与实际走势 5178.19 点，只相差 71.82 点。

二、个股股票颈线的支撑与支撑位的画法

图 2-9 是 2003 年 4 月 30 日—2017 年 4 月 1 日 600308 华泰股份月线走势支撑线截图。

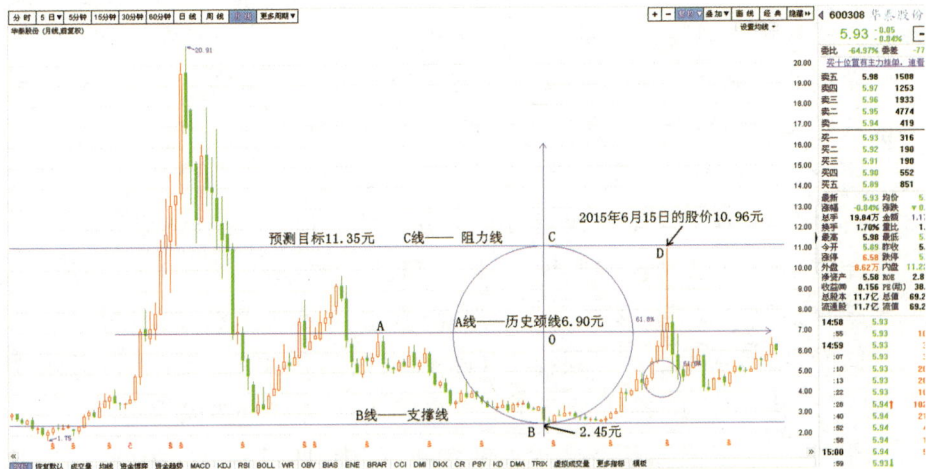

图 2-9　2003 年 4 月 30 日—2017 年 4 月 1 日 600308 华泰股份月线走势支撑线截图

在图 2-9 的 K 线圆 O 上，分别以 B 点、C 点画一水平趋势线，当股价运行在 B 线上方，B 线 2.45 元为支撑颈线，是区间底部实际趋势的颈线位。在支撑线 B 线上方都是支撑区域或支撑位置。如果股价运行在 A 线上方，A 线 6.90 元为支撑颈线，是区间历史的实际颈线位。一旦股价跃过这条历史颈线，就会大涨，或者说股票像坐飞机一样腾空飞起来，甚至后面还会有连续的涨停板。如果股价运行在 C 线上方，C 线 11.35 元为支撑颈线，是区间顶部预测趋势的颈线位，比 2015 年 6 月 15 日实际走势的 10.96 元（如图 2-9 中的 D 点），只相差 0.39 元。

第五节　K线圆颈线的阻力与阻力位

一般来说,股票在颈线上或颈线的上方运行获得支撑,该颈线位为支撑位。K线向下跌穿颈线的位置都是卖点。

在图 2-4"圆弧型 K 线圆模式的颈图"中,凹口线 AH 为颈线,当 K 线二次跌穿颈线 AH 后,形成了 2 个卖点,A 点为第一卖点,H 点为第二卖点。同时,K 线在 G 点遇上颈线 T_2(即 K 线圆的切线 DG)受阻后,上颈线 T_2 降格为阻力线,其 K 线运行在上方自然成顶,G 点自然成为卖点。

在图 2-5"双重型 K 线圆模式操作流程图"中,凹口线 AN 为颈线,当 K 线跌穿颈线 AN 后,形成了 2 个卖点,A 点为第一卖点,N 点为第二卖点。同时,K 线在 I 点遇上颈线 T_2(即 K 线圆的切线 FI)受阻后,上颈线 T_2 降格为阻力线,其 K 线运行在上方自然成顶,I 点自然成为卖点。

在图 2-6"三重型 K 线圆模式的颈线图"中,凹口线 AQ 为颈线,当 K 线跌穿颈线 AQ 后,形成了 2 个卖点,A 点为第一卖点,Q 点为第二卖点。同时,K 线在 M 点遇上颈线 T_2(即 K 线圆的切线 HM)受阻后,上颈线 T_2 降格为阻力线,其 K 线运行在上方自然成顶,M 点自然成为卖点。

一、大盘指数颈线的阻力与阻力位的画法

图 2-10 是"2017 年 3 月 30 日上证指数区间（3478.01 点，1849.65点）日线走势颈线截图"。

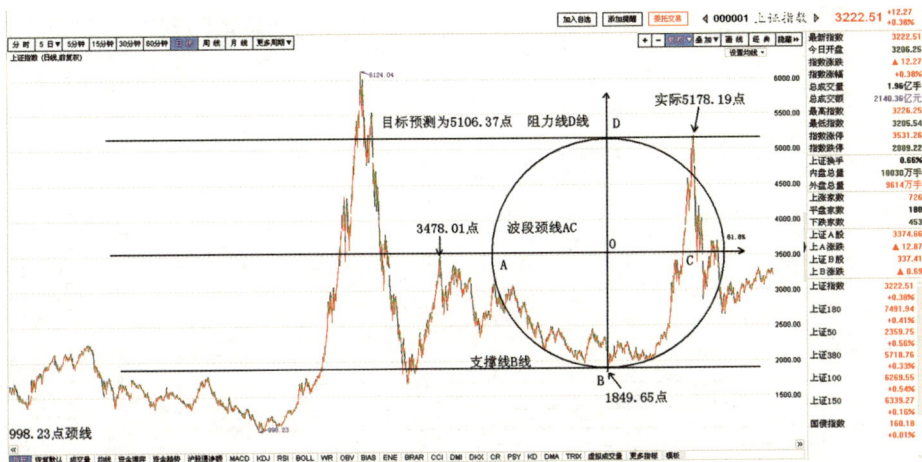

图 2-10　2017 年 3 月 30 日上证指数区间（3478.01 点，1849.65 点）日线走势颈线截图

图 2-10 中，如果上证指数在 B 线下方运行，B 线 1849.65 点为阻力颈线，是区间底部实际趋势的颈线位。在阻力 B 线下方都是阻力区域，B线就是阻力位置。当上证指数运行在 AC 线下方，AC 线 3478.01 点为阻力颈线，是区间历史的实际颈线位。如果上证指数不能跃过这条历史颈线，就像一只狗熊，震荡匍匐爬行，指数根本上涨不了多少。因此，AC 线是在区间（3478.01 点，1849.65 点）最大的阻力位。如果上证指数下行跌落在 D 线下方，D 线 5106.37 点为阻力线，大盘开始回落，个股也跟着开始下跌。

二、个股股票颈线的阻力与阻力位的画法

图 2-11 是"002110 三钢闽光双圆模式操作日线走势 2017 年 12 月 22 日截图"。

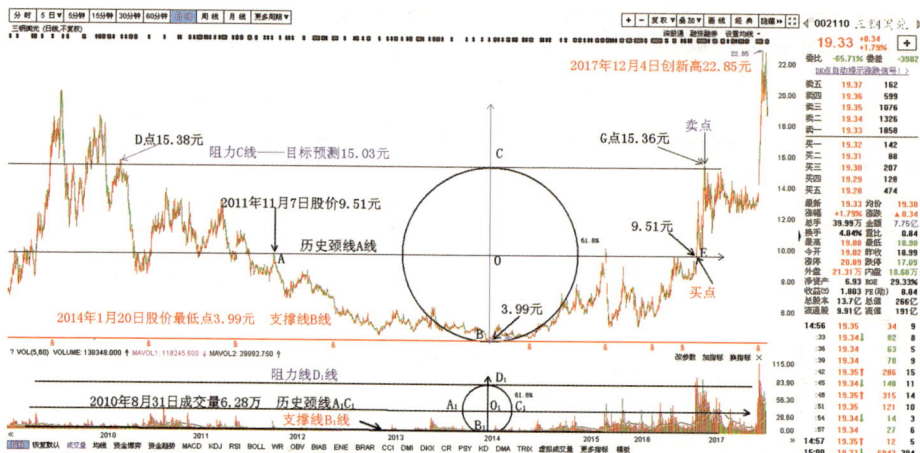

图 2-11　002110 三钢闽光双圆模式操作日线走势 2017 年 12 月 22 日截图

在图 2-11 中,002110 三钢闽光在 2011 年 11 月 7 日股价达到 A 点 9.51 元后,继续下滑,运行两个半月,于 2014 年 1 月 20 日股价达到 B 点 3.99 元,寻底成功,终于形成一个下跌波段区间(3.99 元,9.51 元),以差值 9.51-3.99=5.52(元)为半径画一个 K 线圆,与坐标轴交于 C 点。C 点的目标预测价为 15.03 元,即(9.51-3.99)+9.51=15.03(元)。分别以 B 点、C 点为切点,画两条水平切线 B 线、C 线。B 线为支撑线,是实际的颈线。C 线为阻力线,是目标预测线。而 A 线是区间历史颈线。从图中观察,股票在 B 线上方获得支撑,但是在历史阻力 A 线下方,压力阻力重重,像蚂蚁一样,在匍匐震荡爬升。可当股票一跃过 A 线 9.51 元这条历史颈线,就像鲤鱼跃龙门一样,急速腾空盘升,成了一只亢奋的牛股,运行 20 天左右,于 12 月 16 日股价达到最高价 15.36 元 D 点后,次日成交量急剧放大,亢龙有悔,以一个涨停板的形式,报收一根大阳线。第二天,遇阻力线 C 线 15.03 元,以及左边对望平台 15.38 元后双重压力受阻,急速以一个跌停板跳空滑落。2 个多月后,在 2017 年开春之际,也没有组织过大的反攻,就是 2 月 24 日当天也没有攻过对望平台 15.38 元。

由于 C 线 15.03 元是虚画出来的一条水平颈线,本没有预测功能,但是 K 线圆正好完成了一个股票运行周期,到 C 点上涨趋势戛然而止,冲高回落。就如在数学上一个既定假设变成了现实,就天然具备了一项预测功能。以后,遇到 K 线圆的冲顶阻力 C 线,上冲不成功,或冲顶后又回落在 C 线下方,一旦发现,便及时卖掉手中的股票,才算是一个明智的选择。

第六节 凹口线

凹口线是股票市场多空双方捕杀力量势均力敌的一种平衡状态。凹口线有凹沿线、凹谷线、凹底线三种基本类型。利用凹口线,特别是凹口平衡线,可以准确判断股票是处于多头状态还是空头状态,也可以让投资者做出准确决策——是买进股票还是卖出股票。

一、什么是凹口线

按照凹口在一个波段内所处的位置,凹口线一般分为三种类型:凹沿线、凹谷线、凹底线。

股票 K 线凹陷成为像山谷一样的凹口,沿凹陷开始的第一根 K 线的最高点画一水平直线,这条趋势线就称为"凹沿线"。"凹沿线"仅有一条。

在一个波段的凹口内,沿任何一根 K 线的最高点或最低点画一水平直线,这条趋势线就称为"凹谷线"。因此,"凹谷线"有许多条。但是,有一条凹谷线特别重要。因为波段凹口的塌陷往往都是从这根凹谷线对应的大阴 K 线开始的,以这条大阴 K 线的最低点画一水平直线,把这条凹谷线称为"凹口平衡线"。"凹口平衡线"仅有一条。在凹口平衡线上,多空双方力量妥协,势均力敌,如在战场上一样处于一种胶着平衡的状态。同时,K 线上冲凹口平衡线时,往往有中阳线、大阳线或涨停板出现,甚至涨停板出现后,后面紧接着还有 2—5 个涨停板会出现。所以,在凹口平衡线上,会有许多奇迹发生。

在一个波段的凹口内,沿凹口的底部画一水平切线,这条切线就称为"凹底线"。"凹底线"仅有一条,与底部有一切点,这个切点对应着最低 K 线,且股票的价格也几乎最低。

二、凹口线的画法

一般来说,稳健的投资者,可以选择 K 线上冲凹沿线时进行投资。激进的投资者,可以选择 K 线上冲凹口平衡线时进行投资。长期的投资者,可以选择 K 线上冲凹底线或者没有跌破凹底线时进行投资。后面为叙述的方便,把凹沿线、凹谷线、凹底线统称为"凹口线"。

下面具体地谈谈凹口线的基本画法。

(一)大盘指数凹口线的画法

请看图 2-12 是"000001 上证指数月线走势 2017 年 2 月 24 日凹口线截图"。

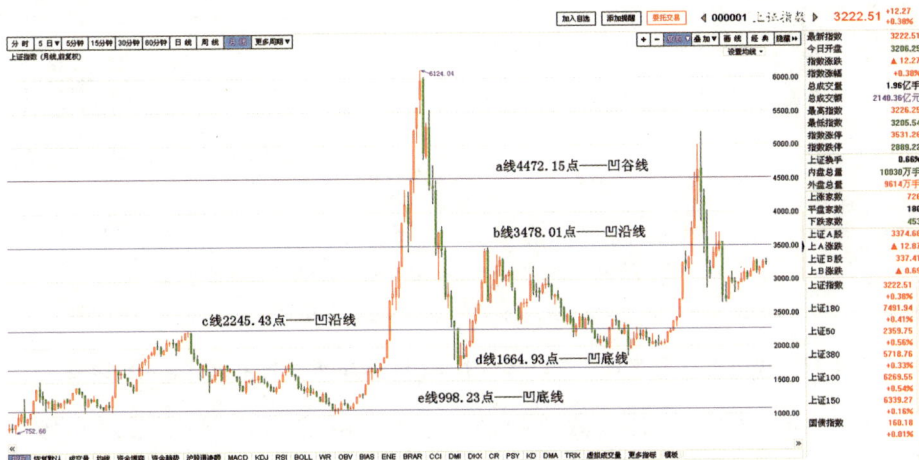

图 2-12　000001 上证指数月线走势 2017 年 2 月 24 日凹口线截图

从图 2-12 中观察分析,a 线 4472.15 点为凹谷线、b 线 3478.01 点与 c 线 2245.43 点为凹沿线、d 线 1664.93 点与 e 线 998.23 点为凹底线。a 线、b 线、c 线、d 线、e 线,这 5 条线统称为"凹口线"。

(二)个股股票凹口线的画法

图 2-13 是"2015 年 7 月 7 日—2017 年 3 月 31 日 603606 东方电缆日线走势截图"。

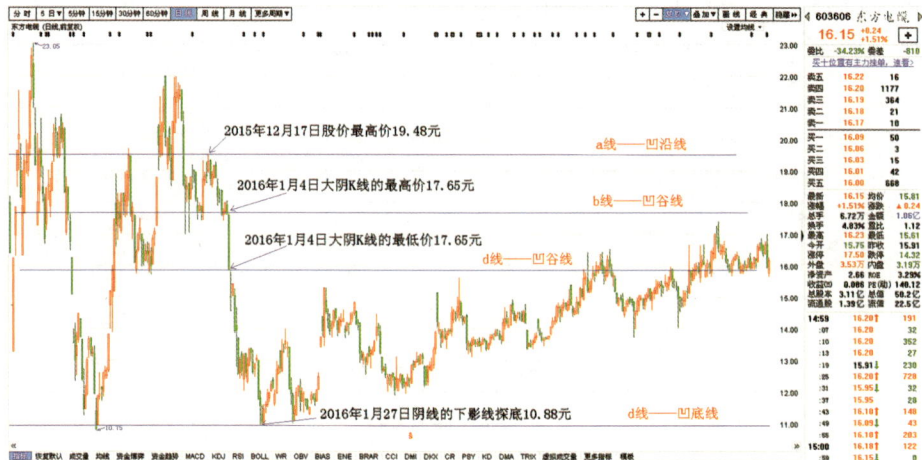

图 2-13　2015 年 7 月 7 日—2017 年 3 月 31 日 603606 东方电缆日线走势截图

2015 年 12 月 17 日以波段的最高价 19.48 元,画一条水平趋势线 a 线,这条 a 线就是"凹沿线"。

2016 年 1 月 4 日股票以跌停板报收一根大阴 K 线,分别以这根大阴 K 线的最高价 17.65 元,最低价 15.83 元,画 2 条水平的趋势线 b 线与 c 线,这 2 条趋势线都是"凹谷线"。

2016 年 1 月 27 日股票出现一个带有长长下影线的大阴线,海底探针探明底部为 10.88 元后,便开始了震荡爬升。以 10.88 元画一条水平趋势线 d 线,那么这条 d 线就是"凹底线"。a 线、b 线、c 线、d 线,这 4 条线统称为"凹口线"。

第七节　凹口平衡线

凹口平衡线，是一条重要的凹口线，在这条线上往往有许多奇迹发生。

一、凹口的塌陷

一个波段凹口的塌陷，往往是从跌破左侧阳线或大阳线的那根大阴线开始的。

二、凹口平衡线的取点原则

按照股评专家黑马王子在他的《股市天经（之一）——量柱擒涨停》中，对于凹口平衡线的取点原则，标准只有一条：就是要找到行情的拐点，即行情由上升转为下降的转折点。一般是"跌破左侧大阳线的那根大阴线的最低点"，或者是"主力刻意打压最凶狠的那根阴线"。若前面两点都没有取到，那就要找到"主力意图最明显的那个最低点"。

三、凹口平衡线的作用

凹口平衡线，是一条重要的趋势线，在这条线上往往有许多奇迹发生。

1.凹口平衡线标志着凹口是突然塌陷的。

2.凹口平衡线上的那根阴线是凹口的首日凹陷，比较凶狠，体现出庄家或主力是故意制造的，股票一只比一只跌得凶。

3.横在凹口平衡线上的 K 线，所对应的股票价格相差不大，基本上在一两分钱左右。

4.K 线上冲凹口平衡线时，趋势向上，往往有中阳线或大阳线发生，或有涨停板出现，甚至后面还会有 2—5 个涨停板出现。

5.K 线跌破凹口平衡时，趋势向下，往往有中阴线或大阴线发生，或有跌停板出现，甚至后面还会有 2—5 个跌停板出现。

6.在整个凹陷的过程中,成交量不断缩小,说明持股者不愿意卖,持币者不愿意买。主力或庄家在不断地打压、吸筹。

四、凹口平衡线的画法

按照平衡线的趋势方向,凹口平衡线分为水平凹口平衡线、斜向上凹口平衡线、斜向下凹口平衡线三种,在这里及下文讨论分析的都是水平凹口平衡线。

（一）大盘指数凹口平衡线的画法

图 2-14 是"000001 上证指数周线走势 2017 年 2 月 25 日凹口平衡线截图"。

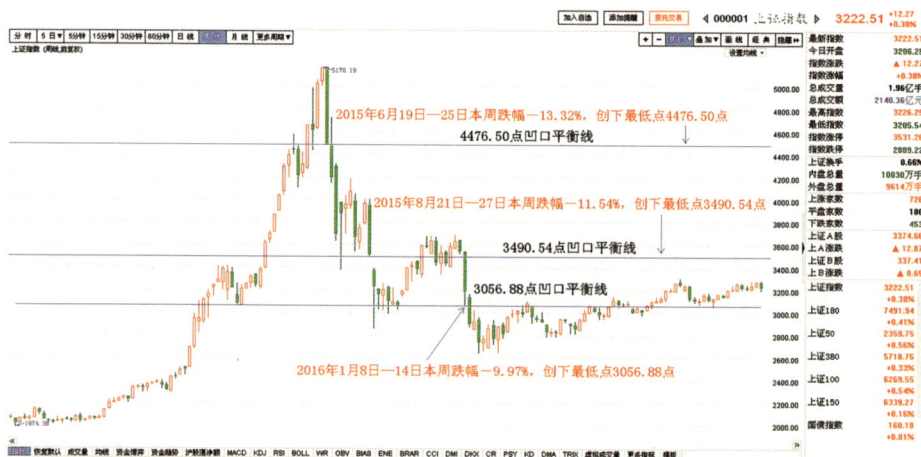

图 2-14　000001 上证指数周线走势 2017 年 2 月 25 日凹口平衡线截图

在图 2-14 中,虽然 2015 年 6 月 19 日—25 日周跌幅—13.32％、6 月 26 日—7 月 2 日周跌幅—6.37％、7 月 3 日—7 月 9 日周跌幅—12.07％,三条大阴线很凶,跌得很深,但是每一周连续的第二天紧接着都反弹再下跌,都不符合凹口平衡线的取点法则,所以也就不能作出凹口平衡线观察了。但是 2015 年 6 月 19 日—25 日是区间 1849.65 点—5178.19 点一轮大牛市的最后终结,是主力刻意打压的一周,意图很明确,是光头光脚的大阴线,周跌幅—13.32％,创下最低点 4476.50 点,符合凹口平衡线的取点法则,所以 4476.50 点可以作出一条凹口平衡线。

但是 2015 年 8 月 21 日—27 日周跌幅—11.54％,创下最低点

3490.54 点,并且紧接着第二周 8 月 28 日—9 月 1 日,以跌幅−11.54%跳空大阴线直接探底,并留下了一个长长的下影线。最低点 3490.54 点,符合凹口平衡线的取点法则,所以 3490.54 点可以画出一条凹口平衡线。

2015 年 12 月 31 日—2016 年 1 月 7 日周跌幅−2.45%,阴线太短,所以本周创下的最低点 3515.52 点,不能作出凹口平衡线。紧接着第二周继续下滑下跌,即 2016 年 1 月 8 日—14 日周跌幅−9.97%,创下最低点 3056.88 点。最低点 3056.88 点,符合凹口平衡线的取点法则,所以 3056.88 点可以作出一条凹口平衡线。

缺口是 K 线塌陷、萎缩直接形成的,是最好的凹口,也是主力最刻意打压的地方,往往是多空双方争夺主动权的最惨烈的战争场面。因此,缺口之间的区间最高点,或者说第一根缺口 K 线,是最佳的凹口平衡线。如果你是技术派选股票,缺口形成的凹口平衡线决不能忽视。否则,你将错过一次撤退熊市或进攻牛市的大好机会。

如图 2-15 是"000001 上证指数 2017 年 3 月 31 日凹口平衡线截图"。

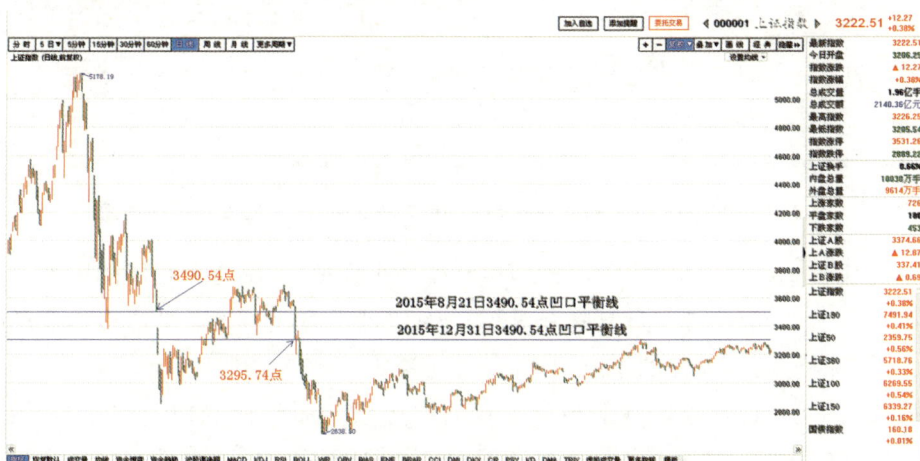

图 2-15   000001 上证指数 2017 年 3 月 31 日凹口平衡线截图

在图 2-15 中,明显地观察出 2015 年 8 月 21 日、24 日与 25 日,连续 3 天暴跌形成了 2 个缺口,是空方战胜多方最惨烈的战争场面,A 股股市到处尸横遍野,可谓极其残酷。这就是主力最刻意打压的地方,也是主力最明确最坚决的地方,符合凹口平衡线的取点法则,所以 8 月 21 日那一天打压下的最低点 3490.54 点,可以作出一条凹口平衡线。即 2015 年 8 月

21 日 3490.54 点凹口平衡线。

当然,如果观察仔细 2016 年 1 月 4 日那一天也是主力最刻意打压的地方,大阴线光头光脚,当天跌幅－6.86％,创下最低点 3295.74 点。因此,按照凹口平衡线的取点法则,2016 年 1 月 4 日 3295.74 点也可以画出一条凹口平衡线。

(二)个股股票凹口平衡线的画法

图 2-16 是"000418 小天鹅 A 周线走势 2017 年 3 月 31 日凹口平衡线截图"。

图 2-16　000418 小天鹅 A 周线走势 2017 年 3 月 31 日凹口平衡线截图

在图 2-16 中,2014 年 5 月 9 日 000418 小天鹅 A 在重大利好的因素下停牌一个月,于 6 月 9 日复牌。对于 000418 小天鹅 A 来说,是值得纪念的一天。因为这一天美的集团拟 13.6 亿元溢价 15％要约收购小天鹅 20％的股权,在巨大利好的刺激下小天鹅真的像一只美丽洁白的白天鹅一样,跳空以涨幅＋11.79％一字板直接涨停,主力意图坚决,当天也没有打开涨停板。从图中分析原因,由于直接跳空涨停,形成了一个缺口空间(7.85 元,8.72 元),构筑了一条 2014 年 6 月 9 日 8.72 元凹口平衡线。在这条平衡线上方,小天鹅就像鲤鱼跳龙门一样,腾空飞翔,股价盘旋上升,一直涨到截图当天,即 2017 年 2 月 25 日收盘,最高价为 38.18 元。如果以凹口平衡线 8.72 元直接起跳计算,可谓惊人,涨幅 337.8％,是真正的一只大牛股。

当然,一只牛股的诞生,不会无缘无故。观察 2012 年 7 月—2014 年

10月,在长达一年多的时间里,000148小天鹅A以5周、55周、181周均线为依托,构筑起一个巨大的三角形周托,如图2-16中的圆圈区域内部所示。凭借这个夯实的三角形周托基础,走出了长达三年之久的一只牛股。同时,2012年5月18日—24日这一周,000148小天鹅在底部放出巨大的天量,主力就宣告已经进驻这只股票了。在三角形周托没有形成之初,暗中悄悄吸筹,已经潜伏2年多时间。

图2-17是"002346柘中股份日线走势2017年2月24日凹口平衡线截图"。

图2-17　002346柘中股份日线走势2017年2月24日凹口平衡线截图

2016年5月6日以光脚阴线打压-6.18%,第二天直接向下跳空,以光头光脚的大阴线猛向下砸盘,跌幅-6.87%,形成了一个小的缺口区间(17.14,17.21),制造出一条2016年5月6日17.21元的凹口平衡线。2016年11月10日以放出3倍的成交量开始起跳,三天连拉三个涨停板。接着第六天又收一个涨停板。第七天以一根带有上影线的阳线开始回落调整。第二天开始用三天时间向下用阴线跳空打压,跌幅差不多-30%。又用了10天时间下探左侧,因向上腾空拔起形成的2016年11月10日19.33元凹口平衡线。下探摸不着,又紧接着用2条阴线继续下探。12月12日先用光头光脚的大阴线以跌停板形式下探,不到位,第二天12月13日又用一条十字线下探脚踩19.33元凹口平衡线。没有破位,于第二天12月14日携巨量腾空飞起,6天之内收了3个涨停板。第七、八天用

2条带有小上影线的阴线刻意打压,第九天12月26日由于挣脱了19.33元凹口平衡线的束缚,像巨龙一样,腾空自由飞翔,在7天时间内连拉7个涨停板。可见股票起跳的秘密、涨幅的惊人和涨停魅力的不一般,全在这一条凹口平衡线上。

第八节　缺口平衡线

缺口,在K线走势图中,是行情延续过程中经常出现的一种技术形态。当缺口出现以后,行情往往会朝着某个方向快速发展,该缺口也会成为日后较强的支撑或阻力区域。因此,利用缺口与缺口理论对行情大势或个股进行研判,是股票交易过程中较为重要的一种技术手段。

一、什么是缺口

K线图中的缺口是指由于受到利好消息(如公司上市、重组、并购、分红、除权、除息、新技术问世、新产品投产等)或者利空消息(如收入大幅下滑、利润急剧下跌、资金链断裂等)的影响,股价大幅上涨或者大幅下跌,导致日K线图出现当日最低价超过前一交易日最高价,或者当日最高价低于前一交易日最低价的一种现象。在K线图中,表现为股价在快速大幅变动中有一段价格没有任何交易状态,特征显示是一段真空区域,这个区域被称为"缺口",通常又称为"跳空"。当股价出现缺口,经过几天、几周或几个月,甚至更长时间的变化运动,然后反转过来,回到原来缺口的价位时,称为缺口的封闭。

二、缺口的种类

图 2-18 是"000001 上证指数日线走势"跳空缺口"2016 年 3 月 15 日截图"。

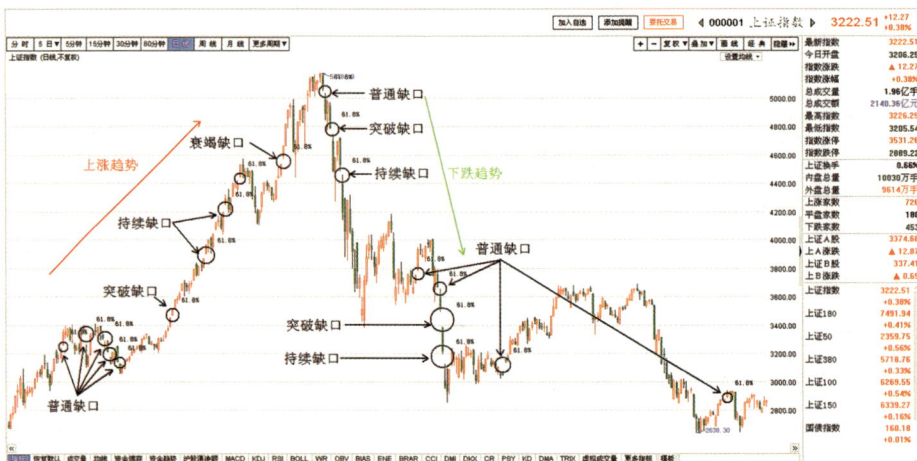

图 2-18　000001 上证指数日线走势"跳空缺口"2016 年 3 月 15 日截图

缺口,按照功能大小存在四种类型:普通缺口、突破缺口、持续缺口与衰竭缺口。如图 2-18 所示。从缺口发生的部位大小进行观察分析,我们可以提前研判大盘或个股走势的强弱——上涨行情还是下跌行情,确认是真突破还是假突破,判断趋势是刚刚初现还是趋势已到尽头,确定是买进股票还是卖出股票。

1.普通缺口。一般是指在横盘整理中偶然出现的跳空,并且很快就会被补回来,对趋势研判作用不大。

2.突破缺口。是当一个密集的反转或整理形态完成后,突破盘局时产生的缺口。当股价以一个很大的缺口跳空远离形态时,这表示真正的突破已经形成了。因为错误的移动很少会产生缺口,同时缺口能显示突破的强劲性,突破缺口愈大,表示未来的变动愈强烈。

3.持续缺口。在上升或下跌途中出现缺口,可能是持续性缺口。这种缺口不会和突破缺口混淆。任何离开形态或密集交易区域后的急速上升或下跌,所出现的缺口大多是持续缺口。这种缺口可帮助我们估计未来后市波幅的幅度,因此也称为量度性缺口。

4.衰竭缺口。通常大多出现在恐慌性抛售或消耗性上升的末段,所以又叫竭尽缺口、消耗缺口。和持续缺口一样,消耗缺口是伴随快速、大幅的股价波动而出现的。在急速的上升或下跌中,股价的波动并非是渐渐出现阻力,而是愈来愈急。这时价格的跳空上升或跳空下跌可能发生,留下的缺口就是衰竭缺口。

三、缺口的应用与技巧

缺口与缺口理论,对行情大势或个股进行研判,又快又准确,是股票市场交易过程中十分重要的一个技术工具。

1.普通缺口应用。普通缺口是指没有特殊形态或特殊功能的缺口,它可以出现在任何走势形态之中,但大多数是出现在整理形态的行情中。它具有一个比较明显的特征,即缺口很快就会被回补。由于期货是双向交易,所以利用该特点,投资者可以把握一些短线的操作机会。

当向上方向的普通缺口出现之后,投资者可在缺口上方的相对高点附近做卖出交易,然后待缺口封闭之后再平仓买回;而当向下方向的普通缺口出现之后,投资者可在缺口下方的相对低点附近做买入交易,然后待缺口封闭之后再平仓卖出。

这种操作方法的前提是,必须判明缺口是否是普通缺口,而且必须是在宽幅振荡整理行情中,才能采取这种高抛低吸的策略。

2.突破缺口应用。突破缺口是指行情向某一方向急速运动,脱离原有形态所形成的缺口。突破缺口的出现预示着后市将会出现一波爆发性的行情,因此针对突破缺口的分析,意义极大。突破缺口的出现有两种情况:

(1)向上的突破缺口。该缺口的特点是,突破时成交量明显增大,且缺口不被封闭。该缺口出现后,投资者可以大胆买入中线持有,并以缺口作为风险控制的止损价位。

(2)向下的突破缺口。该缺口的特点是,向下突破时成交量明显增大,且缺口不被封闭。由于行情的下跌力量往往比较凶猛,所以一旦向下突破缺口形成,杀伤力比较大,应该引起足够的重视。

当向下突破缺口出现后,如果投资者持有多单,应该立即果断地止损,并反手做空;如果投资者持有空单,则可以继续加码卖出,并中线持有,以缺口作为风险控制的止损价位。当向下突破缺口形成后,行情走势必将向纵深发展,踏上不归的熊途之路。

3.持续缺口应用。持续缺口是"指涨升或下跌过程中出现的缺口",持续缺口常在股价剧烈波动的开始与结束之间一段时间内形成。持续缺口又称为测量缺口,即股价到达缺口后,可能继续变动的幅度一般等于股价从开始跳空到这一缺口的幅度。此类跳空反映出市场正以中等的交易量顺利地发展。在上升趋势中,测量缺口的出现表明市场坚挺;而在下降趋势中,则显示市场疲软。正如突破跳空的情况一样,在上升趋势中,持续跳空在此后的市场调整中将构成支撑区,它们通常也不会被填回,而一旦价格重新回到中继跳空之下,那就是对上升趋势不利的信号。

4.衰竭缺口应用。股价在大幅度波动过程中价格在奄奄一息中回光返照,做最后一次跳跃,然而,最后的挣扎好景不长,在随后的几天乃至一个星期里的价格马上开始下滑。当收市价格低于这种最后的跳空后,表明衰竭跳空已经形成,所以消耗缺口也称衰竭缺口。

上述情况非常典型,说明在上升趋势中,如果跳空被填回,则通常具有疲弱的意味,代表着短期头部已经形成,多头完成了最后一击。消耗缺口的分析意义是能够说明维持原有变动趋势的力量已经减弱,股价即将进入整理或反转形态。

5.除权缺口应用。由于制度因素,股价在上市公司送配后,股价会出现除权、除息缺口,表现在除权价与股权登记日的收盘价之间的跳空。这种缺口的出现为股价在新的一轮波动中提供了上升空间,诱发填权行情。

第九节 缺口平衡线的画法

缺口,是指没有出现交易的一段真空区域,是多空双方争夺最惨烈的地方,是多空双方妥协、退让暂时达到和解的一种平衡状态。

一、缺口平衡线的取点原则

缺口在 K 线图上容易发现,所以缺口平衡线的取点原则是:

如果是向上的突破缺口,取区间(a,b)的上限 b 为点作一条水平趋势线,视为行情向上的缺口平衡线。由于股价得到强烈支撑,上涨愿望强烈,一般都在这条线的上方。因此,这条向上的缺口平衡线,应该是一条支撑线,所在的位置称为"支撑位"。上涨后,股价都排列在向上的缺口平衡线的上方,经过的地方都是支撑的区域,形象地称为"支撑区"。

如果是向下的突破缺口,取区间(a,b)的下限 a 为点画一条水平趋势线,视为行情向下的缺口平衡线。由于股价压力重重,很难跃过这条线,一般都在这条线的下方。因此,这条向下的缺口平衡线,应该是一条阻力线或压力线,所在的位置称为"阻力位或压力位"。下跌后,股价都排列在向下的缺口平衡线的下方,经过的地方都是阻力或压力的区域,形象地称为"阻力区或压力区"。

二、缺口平衡线的作用

缺口平衡线,也是一条重要的趋势线,在这条平衡线上会有许多奇迹发生。

1.经常有涨停板或跌停板出现,或无量的一字板出现,有时 1—3 个,或 4—7 个,甚至十几个,或几十个。一般来说,新股或次新股这种现象的发生概率较大。

2.向上的缺口平衡线,是一条支撑线,所在位置是支撑位。

3.向下的缺口平衡线,是一条阻力线或压力线,所在位置是阻力位或压力位。

4.缺口平衡线上，常有重大经济事件发生。如企业的重组、并购、分红、除权、除息、收入大幅下滑、利润大跌、新技术问世等。

5.股价向上突破缺口平衡线，视为买点确立；股价向下突破缺口平衡线，视为卖点确立。缺口平衡线，是研判个股买卖行情最重要的一种技术手段。

6.股价向上突破缺口平衡线，一波上涨行情确认；股价向下突破缺口平衡线，一波下跌行情确认。缺口平衡线，是研判大势行情最重要的一种技术手段。

三、缺口平衡线的画法

缺口是由2条或2条以上的跳空K线产生的，缺口平衡线的画法比较简单，沿缺口区间（a，b）的上限b（或下限a）画一条水平趋势线就可以了。

如果是向上的缺口平衡线，沿区间的上限b，即向上紧接着的第2条K线的最低点对应的b点，画一条水平趋势线就可以了。在上涨趋势中，向上的缺口平衡线是重要的支撑线。一旦确认有效，在向上的缺口平衡线的支撑上方，股价一般都是上涨。

如果是向下的缺口平衡线，沿区间的下限a，即向下紧接着的第2条K线的最高点对应的a点，画一条水平趋势线就可以了。在下跌趋势中，向下的缺口平衡线是重要的阻力线。一旦确认有效，在向下的缺口平衡线的阻力下方，股价一般都是下跌。

（一）大盘缺口平衡线的画法

图 2-19 是"000001 上证指数日线走势缺口平衡线 2008 年 12 月 10 日截图"。

图 2-19　000001 上证指数日线走势缺口平衡线 2008 年 12 月 10 日截图

在图 2-19 中，已经画出了 5 条向上的缺口平衡线：2007 年 9 月 27 日 5306.82 点向上缺口平衡线，2007 年 9 月 28 日 5620.00 点向上缺口平衡线，2008 年 4 月 24 日 3461.64 点向上缺口平衡线，2008 年 9 月 19 日 2043.32 点向上缺口平衡线，2008 年 9 月 22 日 2164.80 点向上缺口平衡线。

在图 2-19 中，已经画出了 3 条向下的缺口平衡线：2007 年 11 月 2 日 5860.59 点向下缺口平衡线，2008 年 1 月 22 日 4818.00 点向下缺口平衡线，2008 年 6 月 10 日 3215.50 点向下缺口平衡线。在下跌趋势过程中，股价一般很难上冲突破这条向下的缺口平衡线。因为筹码太集中，抛压也很大，阻力困难重重。

如 2013 年 6 月 25 日—2015 年 6 月 12 日的这一波差不多长达两年的大牛市，从 2013 年 6 月 25 日的最低点 1849.65 点开始，到 2015 年 6 月 12 日那一天最后形成的最高点 5178.19 点，就无法逾越 2007 年 11 月 2 日 5860.59 点产生的这条向下的缺口平衡线。由于无法超越历史缺口平衡线，从次日开始大盘下跌下滑，进入了一波熊市。

在图 2-19 中，还有两个缺口没有画出缺口平衡线，如箭头所指的圆圈所示。一个缺口是在 2007 年 7 月 19 日、20 日两天内形成的,是一个向上的跳空缺口,区间为(4062.12,4091.24),厚度为 29.12 点。聪明细心的读者,你能在图中画出这条向上的缺口平衡线吗?还有一个缺口是在 2008 年 3 月 12 日、13 日两天内形成的,是一个向下的跳空缺口,区间为(4055.45,4068.78),厚度为 13.33 点。聪明细心的读者,你能在图中画出这条向下的缺口平衡线吗?

图 2-20 是"000001 上证指数日线走势向下缺口平衡线 2017 年 3 月 31 日截图"。

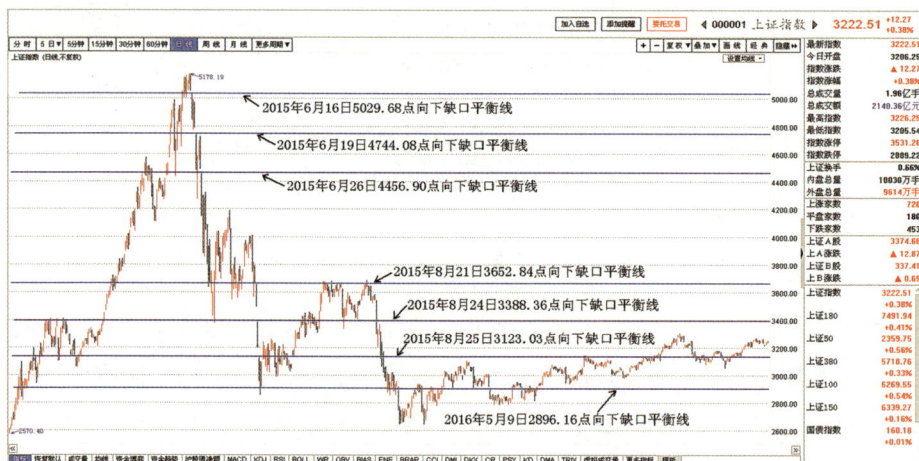

图 2-20　000001 上证指数日线走势向下缺口平衡线 2017 年 3 月 31 日截图

在图 2-20 中,用圆圈与箭头标示了一些重要的"普通缺口、突破缺口、持续缺口",没有发现"衰竭缺口"。通过对图 2-20 的分析,000001 上证指数从 2015 年 6 月 12 日的最高点 5178.20 点下跌,进入熊市以来一直到 2017 年 3 月 17 日截图当天,共出现了 7 条向下的缺口平衡线:2015 年 6 月 16 日 5029.68 点向下缺口平衡线,2015 年 6 月 19 日 4744.08 点向下缺口平衡线,2015 年 6 月 26 日 4456.90 点向下缺口平衡线,2015 年 8 月 21 日 3652.84 点向下缺口平衡线,2015 年 8 月 24 日 3388.36 点向下缺口平衡线,2015 年 8 月 25 日 3123.03 点向下缺口平衡线,2016 年 5 月 9 日 2896.16 点向下缺口平衡线。

目前 000001 上证指数运行在 3123.03 点缺口平衡线与 3388.36 点缺口平衡线之间,与 2017 年 3 月 17 日截图当天的收盘记录 3237.45 点比较,只相差 150.91 点。

因此,2015 年 8 月 24 日 3388.36 点的向下缺口平衡线是 000001 上证指数现在运行最关键的重要阻力线,也许从 3 月 17 日次日以后,未来几天、几周、几个月,大盘可能要冲击 3388.36 点这条关键缺口平衡线了,一旦逾越冲过,一波大势上涨行情就要开始,大约运行在 4000～4200 点成顶。

(二)个股缺口平衡线的画法

图 2-21 是"600986 科达股份周线走势缺口平衡线 2017 年 3 月 31 日截图"。

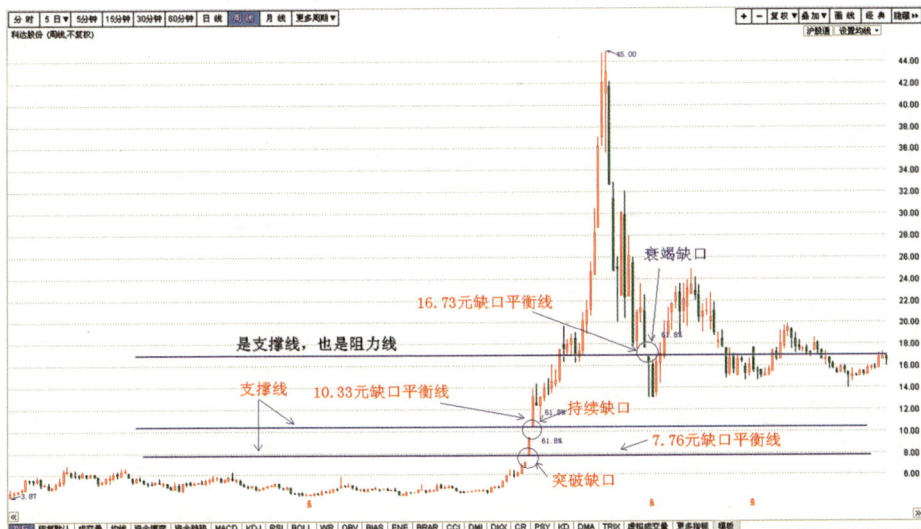

图 2-21　600986 科达股份周线走势缺口平衡线 2017 年 3 月 31 日截图

在图 2-21 中,600986 科达股份在 2014 年 8 月 25 日这一周停牌,于 2015 年 1 月 23 日复牌这一天跳空高开,涨幅 33.19％。次周即 1 月 30 日这一周也跳空高开,涨幅 40.04％。即在 2014 年 8 月 25 日—2016 年 2 月 5 日股价运行的区间内,形成了两个跳空缺口:一个缺口区间是(7.12, 7.76),厚度为 0.64 元;另一个缺口区间是(7.76,10.33),厚度为 2.57 元。前者是突破缺口,后者是持续缺口。同时,也形成了两条缺口平衡线:7.76 元的缺口平衡线,10.33 元的缺口平衡线。由于股价一直运行在这两条缺口平衡线的上方,没有出现跌破现象,都是支撑线。在 2015 年 8 月 16 日—8 月 28 日两周的时间里,股价向下跳空低开,形成了一个缺口区间,区间大小为(16.73,17.60),厚度为1.3元,缺口平衡线是16.73元,完成了一个周期性运动变化。2015年9月18日股价向下跳空下跌下滑,形成了一条16.73元的缺口平衡线,缺口为衰竭缺口,区间大小为(16.73,17.60),厚度为0.87元。16.73元的缺口平衡线,本为一条阻力线,但由于股价在2015年9月18日—2016年12月9日运行期间,有28周左右的时间,在这条平衡线的上方运行,所以又提升为支撑线。

第三章 成交量圆模式操作

　　股票市场的每一条 K 线的开盘价与收盘价、最高价与最低价,是相对应着的每一成交量的具体表现,成交量是推动股市向前运动发展的根本。因此,成交量作为股票市场量、价、时、空的首位核心要素,不是没有道理的。因为成交量是最客观的市场信号之一,同时也是研究股价走势的一个重要技术工具。有经验的投资者,往往把成交量作为衡量和观察市场变动的先行趋势指标,尤其在判断预测个股股价后期的走势变化及买卖操作中,相当准确。

　　在第二章讨论 K 线圆周期运动变化操作模式的基础上,我们将在第三章着重讨论成交量的圆周期运动变化操作模式,以便更好地把握股票市场的基本运行轨迹与内在规律。

第一节　什么是成交量圆模式操作

以一只股票成交量运行的波段的最高量柱(不一定是历史的最高量柱,即天量柱)对应的最高点,画一条水平线作为 x 轴,最低量柱(不一定是历史的最低量柱,即地量柱)对应的最低点画一条垂直线作为 y 轴,建立直角坐标系,再以最低点到坐标系原点的距离为圆的半径,就可以画出一个成交量圆图形。

其实,在股票实际运行的过程中,水平方向的左右半径与垂直方向的上下半径不一定对等。因此,成交量圆图形应该是一个成交量椭圆图形。即成交量圆图形与直角坐标系有四个顶点,左顶点对应着波段成交量的交易成交额最高量,下顶点对应着波段成交量的交易成交额最低量,右顶点对应着波段成交量的起涨量(第一)买点,下顶点对应着波段成交量圆周期运动的目标预测的出货成交量成交额,是出货点,对应着 K 线的卖点。前两个成交量(成交额)是成交量波段的实际走势成交量,是成交量的实际成交量(成交额)。第三个成交量(成交额)——起涨量,是主力在拉升股票前与波段最高成交量(成交额)比较衡量的最高成交量(成交额)。在理论成交量圆模式操作中,二者成交量(成交额)基本相同。但是在实际股票运动趋势中,可能略高或略低,即起涨成交量约等于波段最高成交量,起涨成交额约等于波段最高成交额。第四个成交量(成交额)——出货成交量(成交额)是主力在拉升一只股票前目标预测的成交量,一般是波段成交量最低量的 2 倍,即对应着圆周期直径的最高点,也是主力在拉升完一只股票后,要出货赚取利润的位置。因此,出货成交量(成交额)是虚拟成交量(成交额)、目标预测成交量(成交额),不是实际成交量(成交额)。一般来说,一只普通的股票在整个拉升过程完成后,基本上都可以达到这个目标预测成交量(成交额)。一旦达到这个目标预测成交量,整个市场或个股的趋势基本上都会回调洗盘。

成交量(成交额)只要运行过了水平轴这条颈线位置,就进入了爬升、拉抬的主升浪行情,其拉升阶段的涨幅就是成交量圆图形的半径,即成交量波段最低点到原点的距离。即成交量涨跌幅度等于成交量波段最低成交量对应的最低成交额到原点的距离的 2 倍。

一般情况下,成交量圆图形的下顶点对应着波段成交量圆图形的最低成交额,成交量圆的上顶点对应着波段 K 线的最高成交额。

由左顶点运行到下顶点,再运行到右顶点,按逆时针方向运行。由右顶点运行到上顶点,再返回到颈线位对应的左顶点,按顺时针方向运行。

按照成交量圆图形的运行曲线进行股票操作的过程,称为"成交量圆模式操作"。

如果在下半圆区域内,形成了成交量运行,出现底部是一个 V 型或 U 型底,那么对整个成交量圆进行股票操作就是"圆弧型成交量圆模式操作"。一般来说,圆弧型成交量圆模式操作,运行的成交量在上半圆区域内进行拉升、洗盘、出货,就形成了"V(或 U)圆弧型"成型顶部。

如果在下半圆区域内,形成了成交量运行,出现底部是"W 型双重底"建仓、吸筹,那么对整个成交量圆进行股票操作就是"双重型成交量圆操作模式"。一般来说,双重型成交量圆模式操作,运行的成交量在上半圆区域内进行拉升、洗盘、出货,就形成了"M 型双重顶"成型顶部。

如果在下半圆区域内,形成了成交量运行,出现"三重底或多重底"建仓、吸筹,那么对整个成交量圆进行股票操作就是"三重(或多重)型成交量圆操作模式"。一般来说,三重(或多重)型成交量圆操作模式,运行的成交量在上半圆区域内进行拉升、洗盘、出货,就形成了"三重顶或多重顶"成型顶部。

"圆弧型成交量圆模式""双重型成交量圆模式""三重(或多重)型成交量圆模式"三种操作模式,与 K 线圆的三种操作模式基本相同,在这里不重复阐述。相关内容请阅读第二章第一节"什么是 K 线圆操作模式"中的三种 K 线圆操作模式(圆弧型 K 线圆操作模式、双重型 K 线圆操作模式、三重型 K 线圆操作模式)。

第二节　成交量圆模式的颈线画法

在股票运行的走势中，如果单纯利用K线或K线的颈线位，对个股与大盘做出判断是做多还是做空、是买进还是卖出、是建仓还是出货、是资金流入还是资金流出，一时很难做出判断。但是如果把成交量与K线、成交量的颈线位与K线的颈线位两者结合在一起全面分析，就会做出准确的判断。

一般股票书籍里很少提及成交量的颈线以及颈线位，因为都把成交量当作一项技术指标来应用，没有把它当作一种股市语言来研究。所以在分析、研究、选择股票的时候，往往顾此失彼，放弃主要矛盾，只抓次要矛盾；只看股票的外在表现，不看股票的内在本质。本书把成交量当作一种股市语言来分析、研究，并加以应用，其颈线及颈线位就显得尤为重要。

如果是一个V（或U）型成交量波段，取波段的最高点画一水平线，这条水平线就是颈线，也称V（或U）型波段的历史颈线。当然，这条颈线可以是一水平直线，也可以是向上或向下的斜线。如果是W型成交量波段，取波段双峰间的高点画一水平线，由于双重顶完成后突破颈线，从图形上可以看出，非常类似英文字母"M"，故双重顶又可称"M"头。这条颈线就是W型波段的历史颈线。

按照K线颈线的技术分析，成交量的颈线位是突破线，是压力线，是阻力线。成交量放量过了颈线位，股票就上涨。反之，成交量没有放量过颈线位，股票就下跌。

成交量的"颈线"与K线的颈线，加以相互配合应用，在技术分析中，对后市的研判是相对比较准确的。

（一）圆弧型成交量颈线的画法

一个成交量波段的圆弧底成型，以成交量波段的最高点A、最低点B就可以画出一个成交量圆，以点B、点D分别画两条水平切线，形成下颈线T_1、上颈线T_2。一般股价遇下颈线T_1形成买点成底，如B点为买点，是一个波段的最低点；遇上颈线T_2形成卖点成顶，如G点为卖点，是一个波段的最高点。如图3-1"圆弧型成交量圆模式的颈线图"所示。

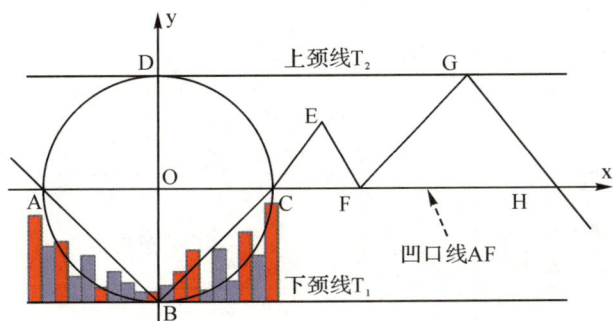

图 3-1　圆弧型成交量圆模式的颈线图

（二）双重型颈线的画法

一个成交量波段的双重底成型，以波段的最高点 A、最低点 D 就可以画出一个成交量圆，以点 D、点 F 分别画两条水平切线，形成下颈线 T_1、上颈线 T_2。一般股价遇下颈线 T_1 形成买点成底，如 D 点为买点，是一个波段的最低点；遇上颈线 T_2 形成卖点成顶，如 I 点为卖点，是一个波段的最高点。如图 3-2"双重型成交量圆模式的颈线图"所示。

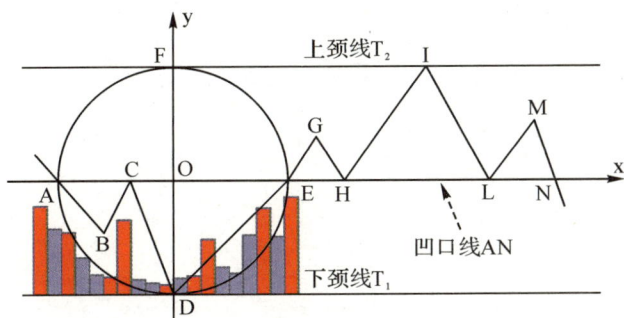

图 3-2　双重型成交量圆模式的颈线图

（三）三重（或多重）型颈线的画法

一个成交量波段的三重底成型，以波段的最高点 A、最低点 D 就可以画出一个成交量圆，以点 D、点 H 分别画两条水平切线，形成下颈线 T_1、上颈线 T_2。一般股价遇下颈线 T_1 形成买点成底，如 D 点为买点，是一个波段的最低点；遇上颈线 T_2 形成卖点成顶，如 M 点为卖点，是一个波段的最高点。如图 3-3"三重型成交量圆模式的颈线图"所示。

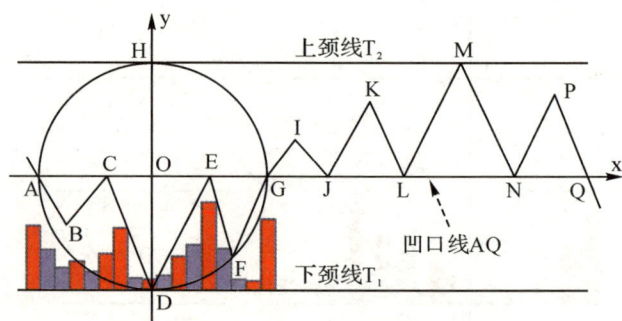

图 3-3　三重型成交量圆模式的颈线图

第三节 成交量颈线的支撑与支撑位

一般来说,股票在颈线上或颈线的上方运行获得支撑,该颈线位为支撑位。成交量向上穿过颈线的位置都是买点。

在图 3-1"圆弧型成交量圆模式的颈线图"中,凹口线 AH 为颈线,当 K 线两次穿过颈线 AH 后,形成了两个买点,C 点为第一买点,F 点为第二买点,F 点之后为股价的主升浪阶段。如在近期内出现热点、有题材的股票,其运行轨迹基本上都是圆弧型模式操作。

在图 3-2"双重型成交量圆模式的颈线图"中,凹口线 AN 为颈线,当 K 线穿过颈线 AN 后,形成了三个买点,E 点为第一买点,H 点为第二买点,L 点为第三买点。H 点之后为股价的主升浪。如洗盘充分、主力控盘能力强的股票,其运行轨迹基本上都是双重型模式操作。

在图 3-3"三重型成交量圆模式的颈线图"中,凹口线 AQ 为颈线,当 K 线三次穿过颈线 AQ 后,形成了四个买点,G 点为第一买点,J 点为第二买点,L 点为第三买点,N 点为第四买点。L 点之后为股价的主升浪。如洗盘不充分、主力控盘能力不太强的股票,还要经过多次洗盘、清理浮筹后,上穿历史颈线 AQ 之后股票才有可能进入主升浪阶段,其运行轨迹基本上都是三(或多)重型模式操作。

一、上证指数成交量颈线的支撑与支撑位的画法

图 3-4 是"000001 上证指数成交量日线走势 2015 年 10 月 13 日"支撑线"截图。

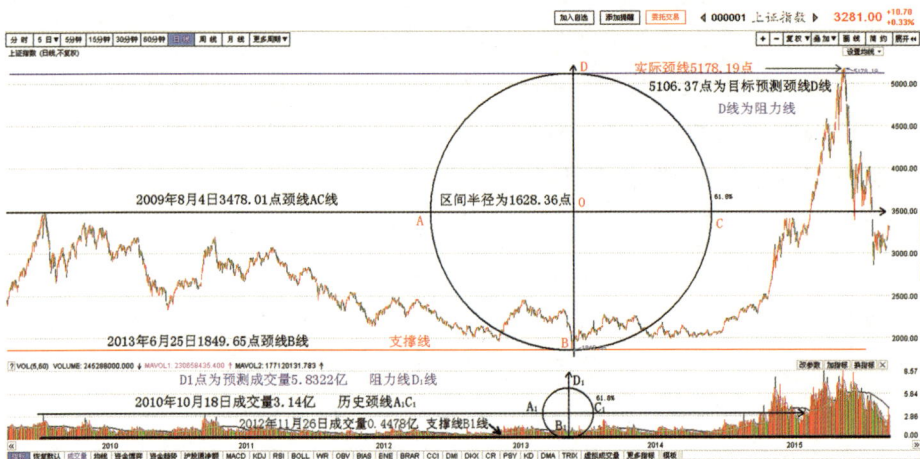

图 3-4　000001 上证指数成交量日线走势 2015 年 10 月 13 日"支撑线"截图

取上证指数 2010 年 10 月 18 日成交量 3.14 亿（A_1 点）至 2012 年 11 月 26 日成交量 0.4478 亿（B_1 点）的运行为一区间波段（0.4478 亿，3.14 亿），以区间的最高点 3.14 亿画一水平方向的 X 轴，以区间的最低点 0.4478 亿画一垂直方向的 Y 轴，建立直角坐标系，并可以画出一个成交量圆。如图 3-4 所示。区间半径：3.14—0.4478＝2.5622（亿），即预测的上证指数涨幅为区间半径的 2 倍，也即成交量圆的直径。

预测涨幅：（3.14—0.4478）＋3.14＝5.8322（亿）。

在成交量圆 O_1 上，分别以 B_1 点、D_1 点画一水平趋势线，当上证指数运行在 B_1 线上方，B_1 线 0.4478 亿为支撑颈线，是区间底部实际趋势的颈线位。如图 3-4 中的工具栏第二栏"成交量 VOL"，用斜向下箭头指示的"加粗黑实线"，与底部边框重合。在支撑线 B_1 线上方都是支撑区域或支撑位置。如果上证指数运行在 A_1C_1 线上方，A_1C_1 线 3.14 亿为支撑颈线，是区间历史的实际颈线位。如果上证指数的成交量运行在 D_1 线下方，D_1 线预测成交量 5.8322 亿为阻力或压力颈线，是区间顶部预测趋势的颈线位，与实际走势 2015 年 6 月 12 日成交量 6.26 亿，只相差 0.4278

亿。在图 3-4 中,阻力或压力颈线 D_1 线没有画出来,聪明的读者你能画出来吗?

在图 3-4 中,上证指数成交量区间(0.4478 亿,3.14 亿)还对应着 K 线波段区间(1849.65 点,3478.01 点),存在另一个 K 线圆。2009 年 8 月 4 日 3478.01 点为波段历史颈线 AC 线,2013 年 6 月 25 日 1849.65 点为支撑颈线 B 线,目标预测颈线为 5106.37 点,与实际颈线 5178.19 点,只差了 72.53 点。具体分析请看图 2-8 是上证指数区间(3478.01 点,1849.65 点)日线走势 2017 年 2 月 29 日的颈线截图。

二、个股股票成交量颈线的支撑与支撑位的画法

图 3-5 是"600749 西藏旅游月线走势 2017 年 4 月 5 日双圆模式截图"。

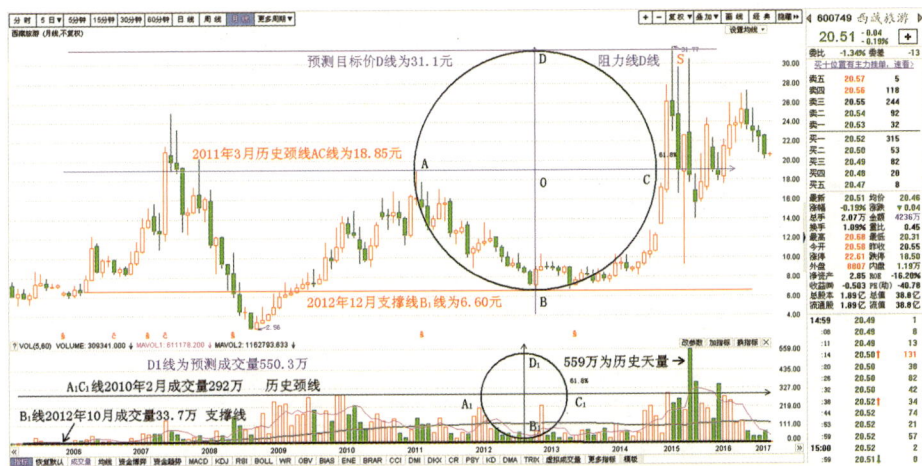

图 3-5　600749 西藏旅游月线走势 2017 年 4 月 5 日双圆模式截图

在图 3-5 的成交量圆 O_1 上,分别以 B_1 点、D_1 点画一水平趋势线,当上证指数运行在 B_1 线上方,B_1 线 2012 年 10 月 33.7 万为支撑颈线,是区间底部实际趋势的颈线位。如图 3-5 中的工具栏第二栏"成交量 VOL",用斜向下箭头指示的"加粗黑实线",与底部边框重合。在支撑线 B_1 线上方都是支撑区域或支撑位置。如果成交量运行在 A_1C_1 线上方,A_1C_1 线 2010 年 2 月 292 万为支撑颈线,是区间历史的实际颈线位。如果成交量运行在 D_1 线下方,D_1 线 550.3 万为阻力或压力颈线,是区间顶部预测趋

势的颈线位,与实际走势 2015 年 8 月达到的最高历史成交量 559 万,只相差 8.7 万。在图 3-5 中,为区分支撑颈线 B₁ 线,没有画出来,聪明的读者你能画出来吗?

在图 3-5 的 K 线圆 O 上,分别以 B 点、D 点画一水平趋势线,当上证指数运行在 B 线上方,B 线 2012 年 12 月 6.60 元为支撑颈线,是区间底部实际趋势的颈线位。在支撑线 B 线上方都是支撑区域或支撑位置。如果股票运行在 AC 线上方,AC 线 2011 年 3 月 18.85 元为支撑颈线,是区间历史的实际颈线位。如果股价运行在 D 线上方,D 线 31.1 元为阻力颈线,是区间顶部预测趋势的颈线位,与实际走势 2015 年 5 月达到的历史最高价 31.77 元,只相差 0.67 元。

第四节　成交量颈线的阻力与阻力位

一般来说,股价在颈线上或颈线的上方运行获得支撑,该颈线位为支撑位。K线向下跌穿颈线的位置都是卖点。

在图 3-1"圆弧型成交量圆模式的颈线图"中,凹口线 AH 为颈线,当 K 线二次跌穿颈线 AH 后,形成了两个卖点,A 点为第一卖点,H 点为第二卖点。同时,K 线在 G 点遇上颈线 T_2(即成交量圆的切线 DG)受阻后,上颈线 T_2 降格为阻力线,其成交量运行在上方自然成顶,G 点自然成为卖点。

在图 3-2"双重型成交量圆模式的颈线图"中,凹口线 AN 为颈线,当 K 线跌穿颈线 AN 后,形成了两个卖点,A 点为第一卖点,N 点为第二卖点。同时,K 线在 I 点遇上颈线 T_2(即成交量圆的切线 FI)受阻后,上颈线 T_2 降格为阻力线,其成交量运行在上方自然成顶,I 点自然成为卖点。

在图 3-3"三重型成交量圆模式的颈线图"中,凹口线 AQ 为颈线,当 K 线跌穿颈线 AQ 后,形成了两个卖点,A 点为第一卖点,Q 点为第二卖点。同时,K 线在 M 点遇上颈线 T_2(即成交量圆的切线 HM)受阻后,上颈线 T_2 降格为阻力线,其成交量运行在上方自然成顶,M 点自然成为卖点。

一、大盘指数颈线的阻力与阻力位的画法

图 3-6 是"000001 上证指数成交量日线走势 2015 年 10 月 13 日'阻力线'截图"。

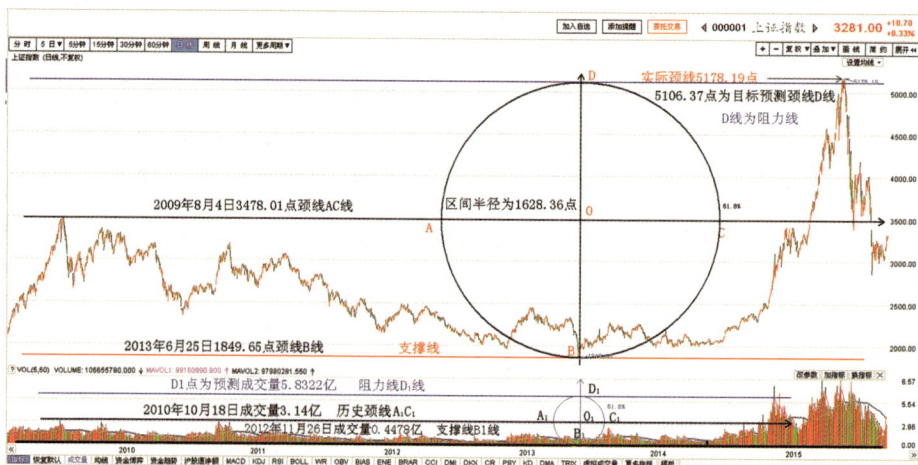

图 3-6　000001 上证指数成交量日线走势 2015 年 10 月 13 日"阻力线"截图

取上证指数 2010 年 10 月 18 日成交量 3.14 亿（A_1 点）至 2012 年 11 月 26 日成交量 0.4478 亿（B_1 点）的运行为一区间波段（0.4478 亿，3.14 亿），以区间的最高点 3.14 亿画一水平方向的轴，以区间的最低点 0.4478 亿画一垂直方向的轴，建立直角坐标系，并画出一个成交量圆。如图 3-6 所示。区间半径：3.14—0.4478＝2.5622（亿），即预测的上证指数涨幅为区间半径的 2 倍，也即成交量圆的直径。

预测涨幅：（3.14—0.4478）＋3.14＝5.8322（亿）。

在成交量圆 O_1 上，分别以 B_1 点、D_1 点画一水平趋势线，当上证指数的成交量运行在 B_1 线上方，B_1 线 0.4478 亿为支撑颈线，是区间底部实际趋势的颈线位。在支撑线 B_1 线上方都是支撑区域或支撑位置。如果上证指数的成交量运行在 A_1C_1 线上方，A_1C_1 线 3.14 亿为支撑颈线，是区间历史的实际颈线位。如果上证指数运行在 D_1 线下方，D_1 线 5.8322 亿为阻力或压力颈线，是区间顶部预测趋势的颈线位，比实际走势 2015 年 6 月 12 日 6.26 亿，只相差 0.4278 亿。

在图 3-6 中，上证指数成交量波段区间（0.4478 亿，3.14 亿）还对应

着 K 线波段区间(1849.65 点,3478.01 点),存在另一个 K 线圆。具体分析请看是 2017 年 3 月 29 日上证指数在波段区间(3478.01 点,1849.65点)内的日线走势的颈线截图是上证指数波段区间(3478.01 点,1849.65点)日线走势 2017 年 2 月 29 日颈线截图。

二、个股股票成交量颈线的阻力与阻力位的画法

图 3-7 是"600749 西藏旅游月线走势 2017 年 4 月 5 日双圆模式截图"。

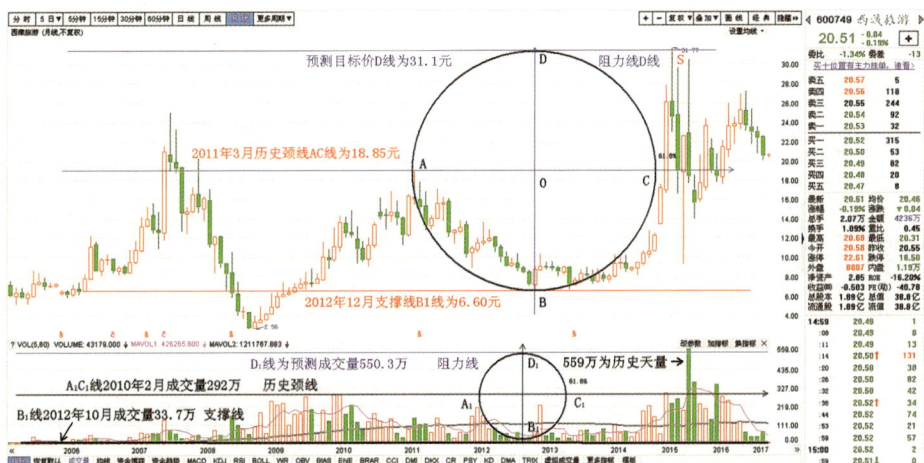

图 3-7　600749 西藏旅游月线走势 2017 年 4 月 5 日双圆模式截图

在图 3-7 的成交量圆 O_1 上,分别以 B_1 点、D_1 点画一水平趋势线,当成交量运行在 B_1 线上方,B_1 线 2012 年 10 月 33.7 万为支撑颈线 V1(VOL 工具栏黑实线,与底部边框重合),是区间底部实际趋势的颈线位。在支撑线 B_1 线上方都是支撑区域或支撑位置。如果成交量运行在 A_1C_1线上方,A_1C_1 线(2010 年 2 月的成交量 292 万)为支撑颈线,是区间历史的实际颈线位。如果成交量运行在 D_1 线下方,D_1 线 550.3 万为阻力或压力颈线,是区间顶部预测趋势的颈线位,与实际走势 2015 年 8 月达到的最高历史成交量 559 万,只相差 8.7 万。

在图 3-7 的 K 线圆 O 上,分别以 B 点、D 点画一水平趋势线,当股价运行在 B 线上方,B 线(2012 年 12 月的 6.60 元)为支撑颈线,是区间底部实际趋势的颈线位。在支撑线 B 线上方都是支撑区域或支撑位置。如

果股价运行在 AC 线上方,AC 线(2011 年 3 月的 18.85 元)为支撑颈线,是区间历史的实际颈线位。如果股价运行在 D 线下方,D 线 31.1 元为压力颈线,是区间顶部预测趋势的颈线位,与实际走势 2015 年 5 月达到的历史最高价 31.77 元,只相差 0.67 元。

第四章 双圆模式的股票买卖操作

　　"双圆模式"，是指对K线圆模式与成交量圆模式同时进行的股票买卖操作，不仅可以准确地把握大盘的周期性基本运行规律，也可以大大提高个股买卖点的研判与决断。本章主要分析与讨论双圆模式的股票买卖操作。

第一节 双圆模式股票的介入点操作

当你发现一只股票,在很窄的区域范围内窄幅震荡,股价上下波动幅度很小,跌无可跌,涨无可涨,就要考虑是否跟踪介入这只股票了。也许你要问这只股票的介入点在哪里呢?本节首先回答这个问题,即双圆模式股票的"介入点"操作。

一般来说,股价达到波段的最低价,成交量有可能也达到波段最低量,方可考虑要买入股票。如"圆弧型K线圆模式操作"的B点、"双重型K线圆模式操作"的D点、"多重型K线圆模式操作图"的D点都是介入点。

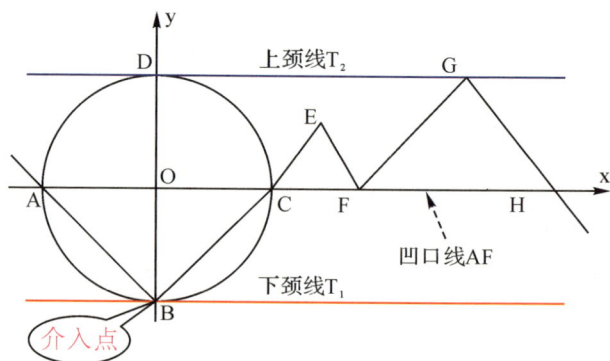

图 4-1 圆弧型 K 线圆模式的介入点操作图

如图 4-1 是"圆弧型 K 线圆模式的介入点操作图"。从图中可以看出,B点为K线圆的最低点即下顶点,也是水平切线的最低切点,这条水平切线在前面我们称作支撑线,股价在这条线上有一波上涨行情。如果B点是跳空向下形成的,或有地量出现,B点也可以直接当作买点考虑,不需要再观察后面的K线了。当然,B点之后,股价三天不跌破此点,就可以考虑买入了。

图 4-2 是"600577 精达股份 K 线圆的'介入点'日线走势 2017 年 4 月 6 日截图"。

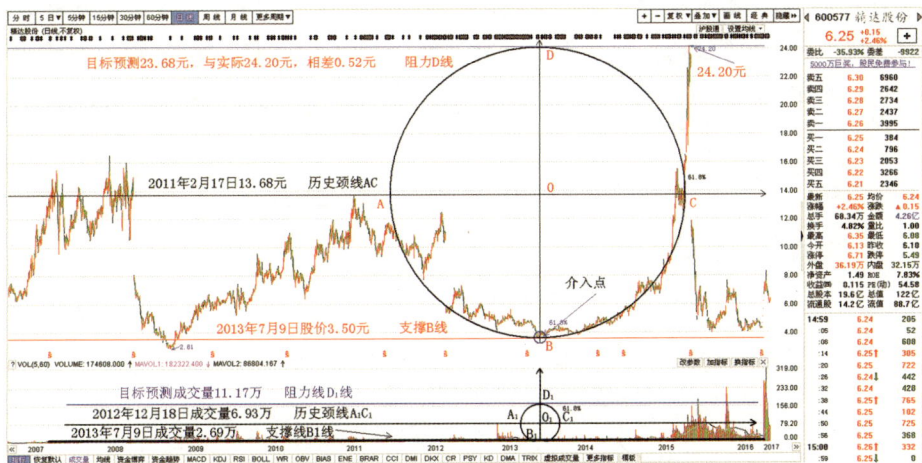

图 4-2　600577 精达股份 K 线圆的"介入点"日线走势 2017 年 4 月 6 日截图

在图 4-2 中,600577 精达股份在 2011 年 2 月 17 日股价达到 13.68 元,成为波段高点,是历史颈线位。2013 年 7 月 9 日股价达到 3.50 元,成为波段历史低点。经计算,目标预测股价为(13.68－3.50)＋13.68＝23.68 元,是阻力 D 线的压力位置,与 2015 年 6 月 3 日创造的历史新高的股价 24.20 元,只相差 0.52 元。股价在波段区间(3.50 元,13.68 元)运行,存在一个 K 线圆 O 的圆周运动,如图 4-2 所示。2013 年 7 月 9 日的支撑平衡线 3.50 元,与 K 线圆相切,其切点 B 点,即为此 K 线圆的"介入点"。如图 4-2 中箭头所指示的"蓝色圆圈"所示,即 2013 年 7 月 9 日那一根 K 线对应的股价的最低点 3.50 元。

分析图 4-2 工具栏的第二栏"成交量 VOL",在成交量的波段区间 (2.69 万,6.93 万)中也存在一个相应的成交量圆 O_1 的圆周运动。2012 年 12 月 18 日那一天成交量放出历史巨量 6.93 万,如图 4-2 中的历史颈线 A_1C_1。经过半年多时间的缩量整理,于 2013 年 7 月 9 日成交量缩量到历史地量 2.69 万,如图 4-2 中的支撑线 B_1 线。经计算,目标预测成交量为 (6.93－2.69)＋6.93＝11.17(万),即虚拟的颈线 D_1 线,为阻力线。所以,2015 年 6 月 3 日那一天成交量没有放大,但是股价冲高创造了历史新高 24.20 元,由于量能不足,第二天就开始回落整理,一直到 2017 年 4 月 5 日截图当天都在下跌,可见阻力线 D 线与 D₁ 线双重压力很大。

如图 4-3 是"双重型 K 线圆模式的介入点操作图"。从图中可以看出,D 点为 K 线圆的最低点即下顶点,也是水平切线的最低切点,这条水平切线在前面我们称作"支撑线",股价在这条线上有一波上涨行情。在有些双重底形成的股票中,可能 D 点比 B 点高,我们应选 B 点作为介入点,而不选 D 点。

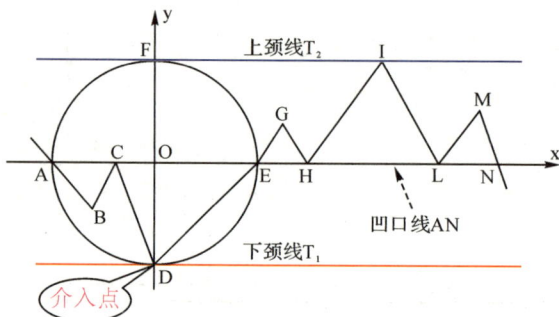

图 4-3 双重型 K 线圆模式的介入点操作图

图 4-4 是"000950ST 建峰 K 线圆模式的'介入点'操作日线走势 2017 年 4 月 6 日截图。"

图 4-4 000950ST 建峰 K 线圆模式的"介入点"操作日线走势 2017 年 4 月 6 日截图

在图 4-4 中,000950ST 建峰在 2016 年 1 月 20 日股价达到 6.96 元,为波段历史的最高价。2016 年 1 月 29 日股价达到 5.06 元,为波段历史的最低价。股价在波段区间(5.06 元,6.96 元)运行,存在一个 K 线圆周运动变化,如图

4-4 所示。2016 年 1 月 29 日的支撑平衡线 5.06 元，与 K 线圆的切点 B 点，即为此 K 线圆的介入点，如图 4-4 中箭头所指的"蓝色圆圈"所示。

如图 4-5 是"多重型 K 线圆模式的介入点操作图"。从图中可以看出，D 点为 K 线圆的最低点即下顶点，也是水平切线的最低切点，这条水平切线在前面我们称作支撑线，股价在这条线上有一波上涨行情。在有些头顶肩的多重底形成的股票中，可能 D 点比 B 点、F 点高，我们应选 B 点或 F 点作为介入点，而不选 D 点。

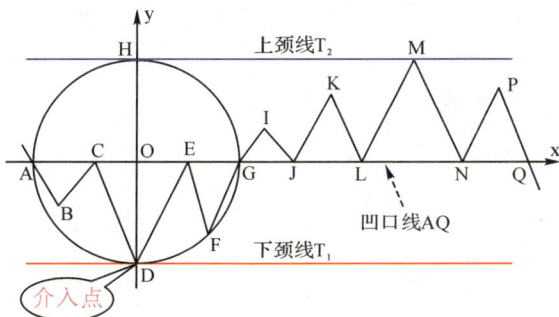

图 4-5　多重型 K 线圆模式的介入点操作图

图 4-6 是"000568 泸州老窖双圆模式的'介入点'操作周线走势 2017 年 4 月 6 日截图"。

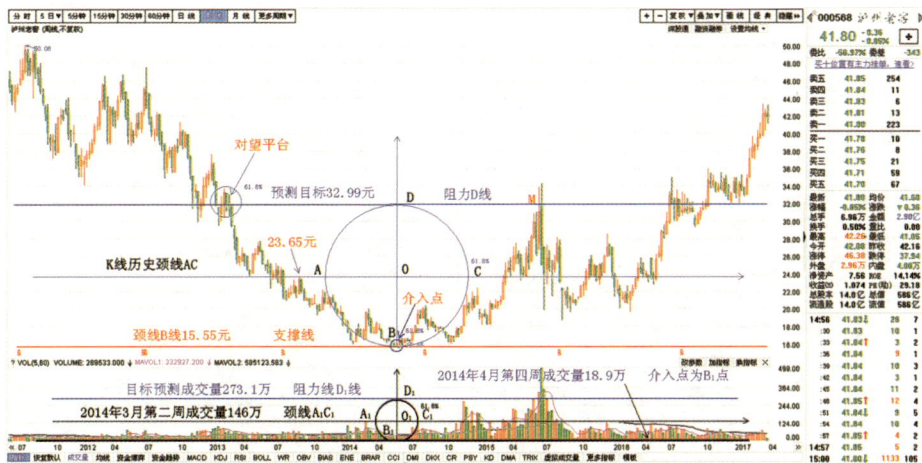

图 4-6　000568 泸州老窖双圆模式的"介入点"操作周线走势 2017 年 4 月 6 日截图

在图 4-6 中，存在两个圆周：一个是 K 线圆 O；一个是成交量圆 O_1。

第四章　双圆模式的股票买卖操作

K线圆 O 是由波段区间(15.55 元,23.65 元)形成的。介入点 B 点为 K 线圆 O 的最低价 15.55 元。K 线圆 O 的支撑线 B 线,为 15.55 元。K 线圆 O 的波段历史颈线为 AC 线,为 23.65 元。经计算,目标预测股价为 $(23.65-15.55)+23.65=32.99$(元),如图 4-6 中的阻力线 D 线所示。

成交量圆 O_1 是由波段区间(18.9 万,146 万)形成的。介入点 B_1 点为成交量圆 O_1 的最低量 18.9 万。但是 2014 年 4 月第四周的成交量 18.9 万,为低量,不对应着 K 线的最低价 15.55 元,两者时间上相差 3 周左右。因此,地量不一定对应着低价,低价也不一定对应着地量。2014 年 3 月第二周的成交量 146 万,为历史天量,如图 4-6 中的颈线 A_1C_1 所示。经计算,目标预测成交量为 $(146-18.9)+146=273.1$(万),如图 4-6 中的阻力线 D_1 线所示。

一般来说,股价在颈线上或颈线的上方运行获得支撑,该颈线位为支撑位。成交量向上穿过颈线的位置都是买点。

在图 4-7"圆弧型 K 线圆模式的买点图"中,凹口线 AF 为颈线,当 K 线两次穿过颈线 AF 后,形成了两个买点,C 点为第一买点,F 点为第二买点,F 点之后为股票的主升浪阶段。如在近期内出现热点、爆炒的重大题材的股票,其运行轨迹基本上都是圆弧型模式操作。

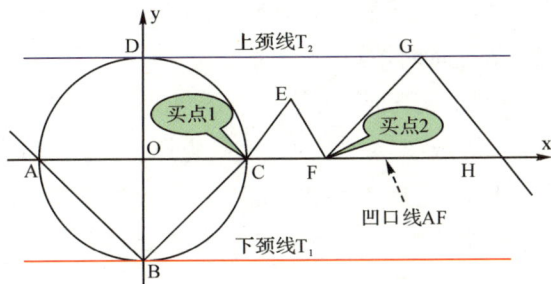

图 4-7　圆弧型 K 线圆模式的买点图

图 4-8 是"002110 三钢闽光双圆模式操作日线走势 2017 年 2 月 28 日截图"。

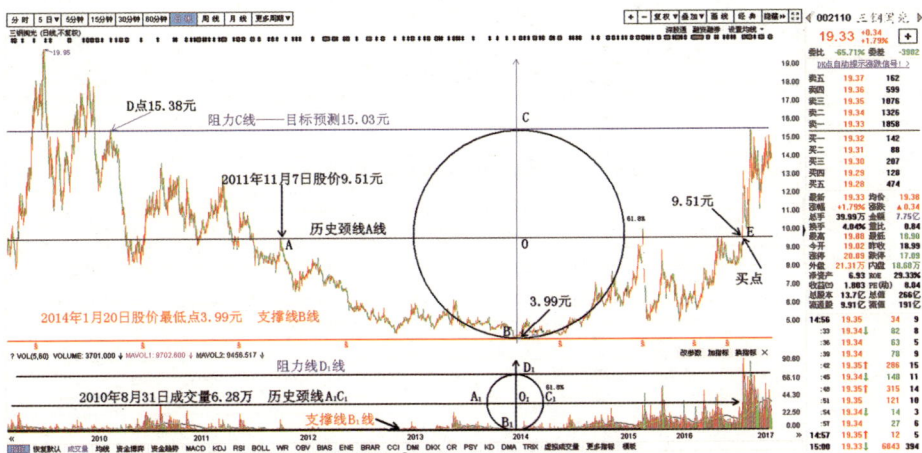

图 4-8　002110 三钢闽光双圆模式操作日线走势 2017 年 2 月 28 日截图

在图 4-8 中有两个圆：一个是 K 线圆 O；另一个是成交量圆 O₁。

在 K 线圆 O 中，2011 年 11 月 7 日的股价 9.51 元，为历史颈线，是支撑 A 线。2016 年 11 月 22 日 E 点位置放出巨量，股价以涨停板价 10.09 元的姿态，一举跃过 A 线 9.51 元这条历史支撑线。同时，观察成交量圆 O₁ 在 2016 年 11 月 22 日当天放出 34.3 万的巨量，为历史天量。但 K 线没有触及 15.03 元的预测阻力 C 线，还离得很远。所以，股票趋势还没有结束，要继续前行，如图 4-8 所示。一旦股价过了买点 E 点，就像鲤鱼跃龙门一样，急速腾空盘升，成了一只亢奋的牛股，运行 20 天左右，于 12 月 16 日股价达到最高价 15.36 元 D 点后，次日成交量急剧放大，亢龙有悔，以一个涨停板的形式，报收一根大阳线。次日遇阻力线 C 线 15.03 元以及遇左边对望平台 15.38 元后，双重压力受阻，急速以一个跌停板跳空滑落，结束了一个波段的周期性运行。

在图 4-9"双重型 K 线圆模式的买点图"中，凹口线 AN 为颈线，当 K 线跌穿颈线 AN 后，形成了三个买点，E 点为第一买点，H 点为第二买点，L 点为第三买点。H 点之后为股票的主升浪。如洗盘充分、主力控盘能力强的股票，其运行轨迹基本上都是双重型模式操作。

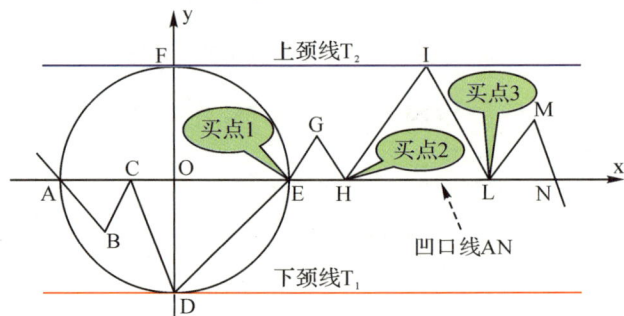

图 4-9　双重型 K 线圆模式的买点图

图 4-10 是"000950ST 建峰双圆模式的'买入点'操作日线走势 2017 月 3 月 21 日截图"。

图 4-10 000950ST 建峰双圆模式的"买入点"操作日线走势 2017 月 3 月 21 日截图

在图 4-10 中,000950ST 建峰在 2016 年 1 月 13 日—3 月 16 日,两个多月的时间里,建立了一个 W 型双重底,并确立了 2016 年 1 月 29 日 5.06 元的基本底部,如图 4-10 中的 K 线圆 O 所示。同时,成交量也相应地建立了一个成交量圆 O_1。2016 年 3 月 13 日股价脱离 K 线圆周运行,次日小幅放量,以带有一根探针的小阳线探底成功后,第二天成交量伴随着放大 3 倍的量,K 线以涨幅 6.96％收一个光头光脚的大阳线,紧接着用两天时间,上冲 6.96 元的历史颈线 AC。3 月 14 日那一天,5 日成交量携 3 倍多的量上穿 60 日成交量,3 月 16 日股价以带有上下影线的中阳线,携 4 倍的量,冲过 6.96 元的历史颈线 AC。因此,3 月 16 日的中阳线为买点,如 K 线圆图中箭头方向所指示的 C_1 点。次日稳稳地站在颈线 AC 的上方,确立了一波拉升行情正式开始。6.96 元的历史颈线 AC,是名副其实的支撑线。后面的股价,一天也没有跌破这道天然的防线。但是,第二天筹划重大事项,3 月 18 日起开始停牌,等 10 月 10 日复牌之后,已是 7 个月之后了。复牌前两天无量一字板涨停,收两个涨停板,第三天第四天带量收两个 T 字板,又收两个涨停板。第五天即 2016 年 10 月 14 日成交量放出 34.4 万的历史天量,超出了 20.66 万的预测成交量颈线 D_1 线,如图 4-10 中的成交量圆 O_1 所示,并在当天收一个长长的吊鬼线,结束了拉升行情。

在图 4-11"三重型 K 线圆模式的买点图"中,凹口线 AQ 为颈线,当 K 线三次穿过颈线 AQ 后,形成了四个买点,G 点为第一买点,J 点为第二买点,L 点为第三买点,N 点为第四买点。L 点之后为股价的主升浪。如洗盘不充分、主力控盘能力不太强的股票,还要经过多次洗盘、清理浮筹后,上穿 L 点之后股票才有可能进入主升浪阶段,其运行轨迹基本上都是三(或多)重型模式操作。

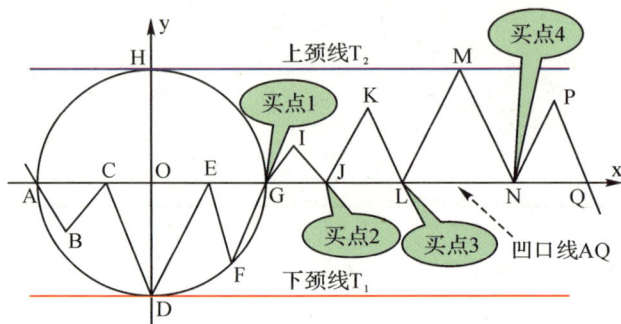

图 4-11　三重型 K 线圆模式的买点图

图 4-12 是"000568 泸州老窖双圆模式的'买入点'操作周线走势 2017 年 4 月 7 日截图"。

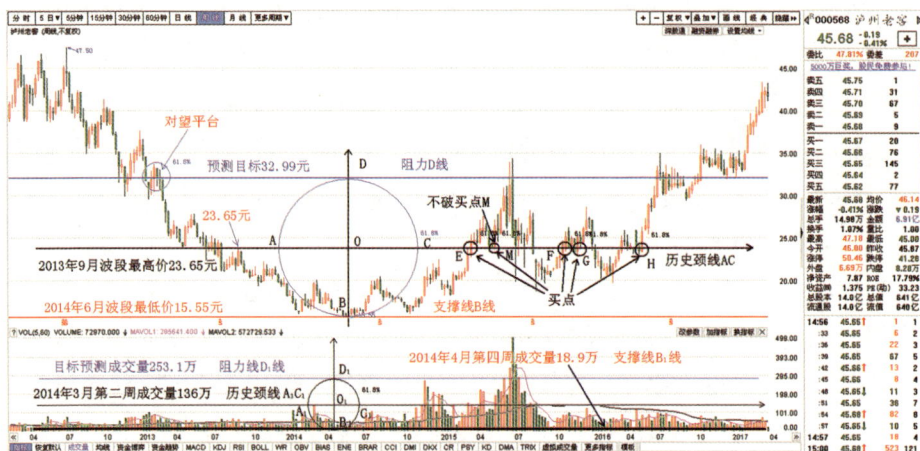

图 4-12　000568 泸州老窖双圆模式的"买入点"操作周线走势 2017 年 4 月 7 日截图

在图 4-12 中,分析 000568 泸州老窖的 K 线圆 O,2013 月 9 月 13 日

股价达到波段最高价 23.65 元,2014 月 6 月 5 日股价达到波段最低价 15.55 元,目标预测股价为$(23.65-15.55)+23.65=31.75$(元)。观察到 2013 年 8 月至 2014 年 12 月 K 线走势形成了三重底部,刚进入 2015 年,就开始了长达六周的调整,紧接着成交量温和放量,股价强势上攻。于 2015 年 3 月 27 日左右,股价上冲,一周之内冲过历史颈线 AC。如图 4-12 中所示,2015 年 3 月至 2016 年 6 月,股价有 4 次机会上穿历史颈线 AC,并在次周获得强支撑。因此,E 点、F 点、G 点、H 点 4 个点都是买点,如图中"黑色圆圈"所示。M 点没有跌破颈线 AC,是买点,是不破买点。

在图 4-12 中,分析 000568 泸州老窖的成交量量柱圆 O_1,2014 年 3 月第二周波段成交量最高为 136 万,2014 年 4 月第四周波段成交量最低为 18.9 万,目标预测成交量为$(136-18.9)+136=253.1$(万)。同时,观察出 2014 年 12 月 5 日—11 日这一周成交量异常放大,直接触及目标预测成交量阻力 D_1 线 ,次周开始成交量慢慢萎缩,股价进入了 9 周左右的吸筹、回落、调整。第 10 周股价开始放量上攻,经过 20 周股价缓慢上升,于 2015 年 7 月初左右股价达到最高价 34.24 元。

第三节 双圆模式的卖点操作

一般来说，股价接触颈线或在颈线的下方运行遇到阻力或压力，该颈线位为阻力或压力位。K线遇阻回落，开始下跌的位置都是卖点。一旦股价向下跌穿该颈线的位置，都是卖点。股价在颈线上或在颈线的上方运行获得支撑，该颈线位为支撑位。一旦股价跌穿该颈线的位置，都是卖点。

在图4-13"圆弧型K线圆模式的卖点图"中，当K线在G点遇上颈线 T_2（即成交量圆的切线DG）受阻后，上颈线 T_2 降格为阻力线，其成交量运行在下方自然成顶，E点与G点自然成为卖点，G点为最佳卖点。E点为第一卖点，G点为第二卖点。同时，凹口线AH为颈线，当K线二次跌穿颈线AH后，形成了两个卖点，A点为第一卖点，H点为第二卖点。当然A点与H点也是自然卖点，是股价运行在历史颈线AH下方的两个卖点，没有在图4-13中标示出来。

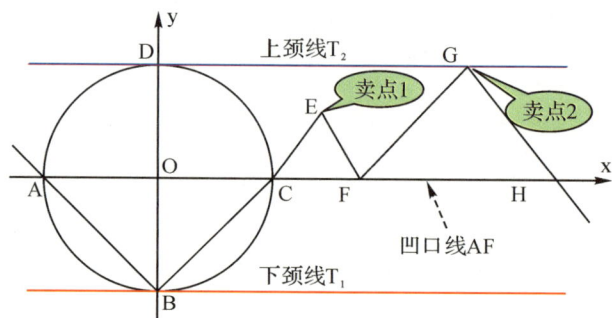

图 4-13 圆弧型 K 线圆模式的卖点图

图 4-14 是"002110 三钢闽光双圆模式操作日线走势 2017 年 2 月 28 日截图"。

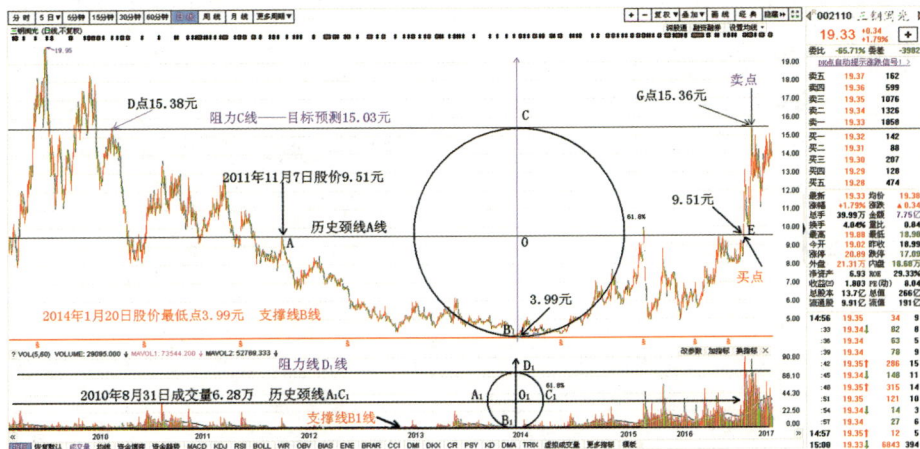

图 4-14   002110 三钢闽光双圆模式操作日线走势 2017 年 2 月 28 日截图

在图 4-14 中，一旦股价过了买点 E 点，就像鲤鱼跃龙门一样，急速腾空盘升，成了一只亢奋的牛股，运行 20 天左右，于 2016 年 12 月 16 日股价达到最高价 15.36 元 G 点后，次日成交量急剧放大，"亢龙有悔"，以一个涨停板的形式报收一根大阳线。次日遇阻力线 C 线 15.03 元，以及左边对望平台 15.38 元后双重压力受阻，急速以一个跌停板跳空滑落，结束了一个波段的周期性运行。G 点遇阻力 C 线受阻，为卖点。从 G 点遇阻力那天起，成交量开始缩量回落，股价也随之开始回落调整，在 3 月 30 日截图当天也没有上攻阻力 C 线 15.03 元。

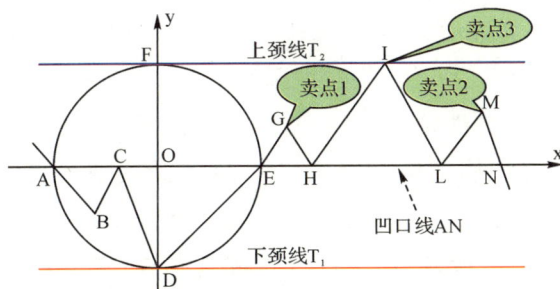

图 4-15   双重型 K 线圆模式的卖点图

在图 4-15"双重型 K 线圆模式的卖点图"中，在第二工具栏"VOL"

中,当 K 线在 E 点遇上颈线 T_2 线(即成交量圆的切线 T_2 线)受阻后,上颈线 T_2 线降格为阻力线,其成交量运行在上方自然成顶,G 点自然成为卖点。同时凹口线 ANE 为颈线,当 K 线跌穿颈线 ANE 后,形成了三个卖点,A 点为第一卖点,N 点为第二卖点,第三卖点没有在图 4-15 中标示出来,有兴趣的读者,请标示出来。

图 4-16 是"000950ST 建峰双圆模式的'卖出点'操作 2017 年 3 月 21 日截图"。

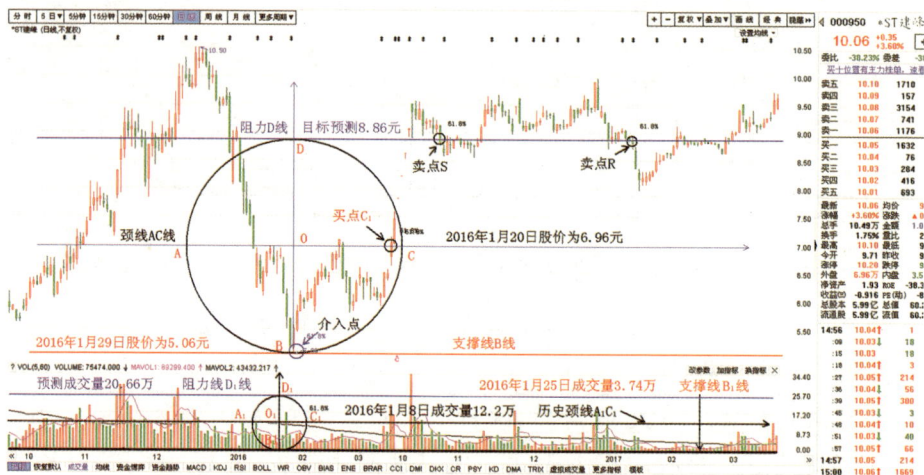

图 4-16　000950ST 建峰双圆模式的"卖出点"操作 2017 年 3 月 21 日截图

在图 4-16 中,000950ST 建峰在 2016 年 1 月 13 日—3 月 16 日,两个多月的时间里,建立了两个圆:一个是 K 线圆 O;另一个是成交量圆 O_1。关于 K 线圆 O 与成交量圆 O_1 的形成,在图 4-10 的文字说明中给了详细的分析,在这里不再重述。提及的是 3 月 15 日成交量上穿 60 日成交量,3 月 16 日股价以带有上下影线的中阳线,携 4 倍的量,冲过 6.96 元的历史颈线 AC,次日稳稳地站在颈线 AC 的上方,标志着一波拉升行情正式开始。因此,历史颈线 AC 后来成了一道强劲的支撑线。在 K 线圆 O 中,股价二次跌破 8.86 元的阻力线 D 线:一是 2016 年 10 月 26 日以一根光头光脚的中阴线直接跌破,卖点 S 点成立有效;二是 2017 年 1 月 13 日以带有上下影线的小阴线跌破,卖点 R 点成立有效。

在 K 线圆 O 中,3 月 18 日因重大事项停牌,10 月 10 日复牌。复牌之后,连拉两个一字涨停板,两个 T 字涨停板,第五天即 2016 年 10 月 14

日成交量放出 34.4 万的历史天量,超出了 20.66 万的预测成交量颈线 D₁ 线,如图 4-16 中的成交量圆 O₁ 所示。并在当天收一个长长的吊颈线,结束了拉升行情。如 K 线圆中的 S 点所示,用一个小圆圈表示。次日,股价上冲拉升到波段最高价 9.55 元后开始回落,紧接着用 8 天时间缩量调整,但是第八天用一个光头光脚的大阴线跌破阻力 D 线 8.86 元,并于次日即 10 月 27 日开始算起,到截图收盘当天,一直在阻力颈线 8.86 元附近横盘调整。

K 线圆阻力位的计算:$(6.96-5.06)+6.96=8.86$(元)。

K 线圆阻力颈线:目标预测 8.86 元的水平平衡线——D 线。

成交量圆阻力位的计算:$(12.2-3.74)+12.2=20.66$(元)。

成交量圆阻力颈线:目标预测 20.66 元的水平平衡线——D₁ 线。

在图 4-17"三重型 K 线圆模式的卖点图"中,当 K 线在 M 点遇上颈线 T₂(即 K 线圆的切线 HM)受阻后,上颈线 T₂ 降格为阻力线,其股价运行在 HM 下方自然成顶,M 点自然成为卖点,为最佳卖点。股价在 I 点、K 点、M 点、P 点四点遇阻回落整理,也可视为卖点,为次佳卖点。I 点为第一卖点、K 点为第二卖点、M 点为第三卖点、P 点为第四卖点。

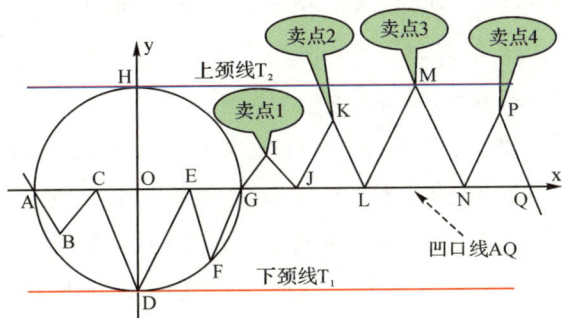

图 4-17　三重型 K 线圆模式的卖点图

同时,凹口线 AQ 为颈线,当股价跌穿颈线 AQ 后,形成了四个卖点,A 点为第一卖点,C 点为第二卖点,E 点为第三卖点,Q 点为第四卖点,没有在图 4-17 中标示出来。

图 4-18 是"000568 泸州老窖双圆模式的'卖出点'操作周线走势 2017 年 4 月 7 日截图"。

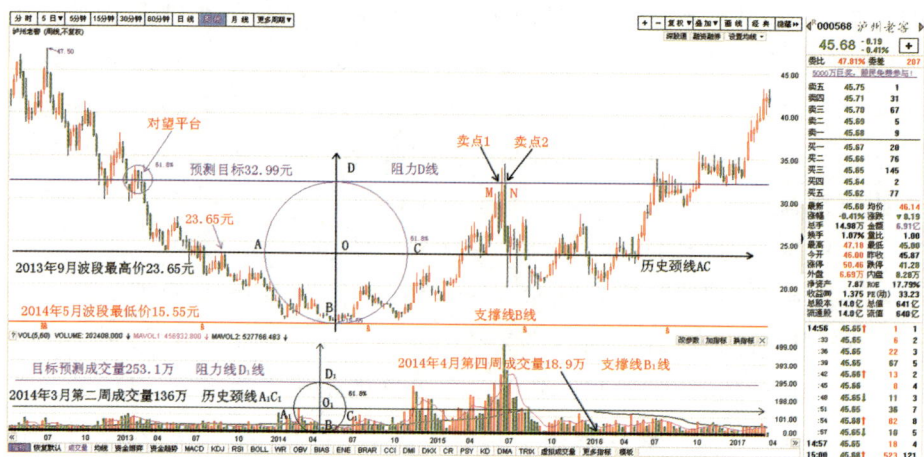

图 4-18　000568 泸州老窖双圆模式的"卖出点"操作周线走势 2017 年 4 月 7 日截图

在图 4-18 中,000568 泸州老窖在 2014 年 3 月—4 月,两个多月的时间里,建立了两个圆:一个是 K 线圆 O;另一个是成交量圆 O_1。

在图 4-18 中,分析 000568 泸州老窖的 K 线圆 O,2013 年 9 月 13 日股价达到波段最高价 23.65 元,2014 年 6 月 5 日股价达到波段最低价 15.55 元,目标预测股价为(23.65－15.55)＋23.65＝32.75(元)。观察到 2013 年 8 月—2014 年 12 月 K 线走势形成了三重底部,刚进入 2015 年,就开始了长达 6 周的调整,紧接着成交量温和放量,股价强势上攻。于 2015 年 3 月 27 日左右,股价上冲,一周之内冲过历史颈线 AC。在图 4-18 中,分析 000568 泸州老窖买点操作模式的基础上,继续分析卖点操作模式。2015 年 6 月 26 日—7 月 9 日这两周成交量急剧放大,成为历史天量,股价达到 34.24 元,已经和左边的控制平台对望。由于成交量太大,后续动能不足,得不到阻力 D 线的支撑,于 7 月 10 日回落,基本完成了一个周期的运行走势。如图 4-18 所示,M,N 这两点都为卖点,分别为卖点 1、卖点 2。

在图 4-12 中,分析 000568 泸州老窖的成交量量柱圆 O_1,2014 年 3 月第二周波段成交量最高为 136 万,2014 年 4 月第四周波段成交量最低为 18.9 万,目标预测成交量为(136－18.9)＋136＝253.1(万)。同时,观察出 2014 年 12 月 5 日—11 日这一周成交量异常放大，直接触及目标预测成交量阻力 D_1 线，次周开始成交量慢慢萎缩，K 线进入了 9 周左右的吸筹、回落、调整。2014 年 12 月 5 日—11 日这一周成交量异常放大，直接触及目标预测成交量阻力 D_1 线，次周开始成交量慢慢萎缩，K 线进入了 9 周左右的吸筹、回落、调整。第 10 周开始放量上攻，经过 20 周股价缓慢上升，于 2015 年 7 月初左右股价最高达到 34.24 元，周线的成交量达到历史天量 499 万，完成一个波段的成交量圆周期运行。且历史天量 499 万是一个大阴柱，对应着一个带有上影线的大阴 K 线，即卖点 N 点成立。随后展开了长达 34 周左右的调整期。

第四节　双圆模式的大盘操作

大盘上证 A 股指数,从 2013 年 6 月 25 日最低点 1849.65 点至 2015 年 12 月 4 日最低点 5178.19 点,由于"加杠杆"作用开启了长达 40 个月左右的一波牛势,上涨幅度最大振幅为 179.96％。

图 4-19 是"000001 上证指数日线走势 2015 年 12 月 4 日'支撑线与阻力线'截图"。

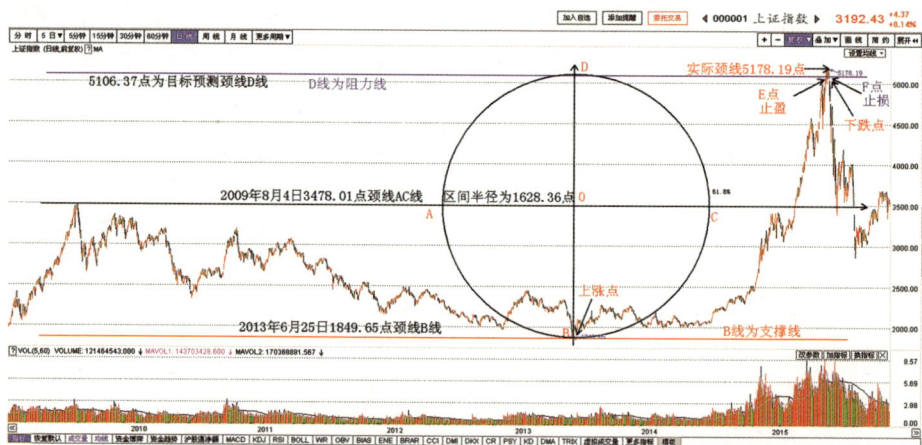

图 4-19　000001 上证指数日线走势 2015 年 12 月 4 日"支撑线与阻力线"截图

在图 4-19 中,上证指数在 2013 年 6 月 25 日的 1849.65 点(B 点)至 2009 年 8 月 4 日的 3478.01 点(A 点)的运行为一波段区间(3478.01 点, 1849.65 点),可以建立直角坐标系,并画出一个 K 线圆 O。区间半径为 3478.01－1849.65＝1628.36(点),即预测的上证指数涨幅为区间半径的两倍,也即 K 线圆的直径。

预测涨幅:(3478.01－1849.65)＋3478.01＝5106.37(点)。

振幅:(5106.37－1849.65)÷1849.65＝179.96％。

根据东方财富炒股软件统计:在这波牛市中,上涨 482 天,阳线 278 根,阴线 203 根,平线 1 根,振幅 179.96％,涨跌幅度 163.15％,总手数 1072 亿手,交易金额 118 万亿。

在 K 线圆 O 上，分别以 B 点、D 点画一水平趋势线，当上证指数运行在 2013 年 6 月 25 日 1849.65 点对应的 B 点上方，B 线 1849.65 点为支撑颈线。因此，B 点为大盘指数的上涨趋势点位。在支撑线 B 线上方都是支撑区域或支撑位置。当上证指数运行在 2009 年 8 月 4 日的 3478.01 点对应的 A 点上方，AC 线 3478.01 点也为支撑颈线，是区间历史的实际颈线位。当上证指数运行在预测目标 D 线附近（或上方）触顶，好像屋顶上方的"天花板"一样，有很大阻力，D 线 5106.37 点为阻力颈线，是区间顶部预测趋势的颈线位，与实际走势 5178.19 点，只相差 71.82 点。当大盘指数跃过阻力 D 线，要立即止盈，如图 4-19 中 E 点为"止盈点"。当大盘指数回调跌破阻力 D 线，要立即止损，如图 4-19 中 F 点为"止损点"。在 E 点与 F 点的区域内，成交量也随之放大。2015 年 6 月 8 日成交量出现天量，为 8.55 亿，A 股指数摸高到 5146.95 点，已经冲过了阻力线 D 线 5106.37 点的压力位置，信号提示要止盈。如果在随后的几天没有止盈卖出，并且在 6 月 12 日 A 股指数创出最高点 5178.19 点的第二天，也没有在 F 点止损卖出，那你就随大盘一路下滑了。在本书截稿之际，A 股指数还在 2009 年 8 月 4 日的历史颈线 3478.01 点之下，缩量反复振荡盘踞。

在图 4-19 中，没有给出 K 线圆 O 对应的成交量圆 O_1。有兴趣的读者，能否在工具栏"成交量 VOL"一栏里，画出成交量圆 O_1？并试着对成交量与成交量圆 O_1 对上证 A 股走势进行分析。

第五节　个股的买卖点操作

2012 年 12 月下旬，经习近平总书记批准，《中央军委加强自身作风建设十项规定》出台，其中在接待工作中"不喝酒"的要求令人印象深刻，被形象地称为"禁酒令"。

自从"禁酒令"在全国范围实行以来，白酒板块也随之响应。据媒体披露，在"禁酒令"当天盘中，贵州茅台二级市场 200 元的整数关口险些失守，全天最低时探至 200 元。截至收盘，仍大幅下挫 5.55％至 204.58 元。若按公司流通股本 10.40 亿股计算，仅一个交易日内，贵州茅台全天蒸发的流通市值便高达 125 亿元。如果官场"禁酒令"奉行，那些高档名酒包括国外的，那将是个什么数字？拿这个数字扶贫又能解决多少家庭后顾之忧！目前，中国贫困线标准为人均年纯收入低于 2300 元，全国有 500多个贫困县，现有贫困人口 1 亿多，这正是习总书记最挂念的。很显然，吃喝之风的酒水钱节约下来，可以扶植多少个贫困县市，可以帮助多少个贫困人口。2013 年年底白酒板块，经过充分的出货洗盘，白酒板块指数调整到最低位，触底回升，于 2014 年元旦左右开始整个板块上涨。

图 4-20 是"000858 五粮液日线走势 2017 年 6 月 30 日'买卖点'截图"。

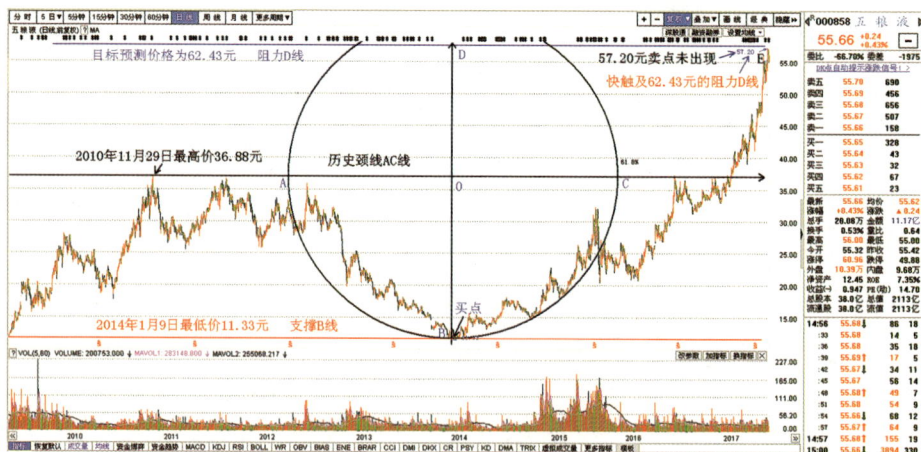

图 4-20　000858 五粮液日线走势 2017 年 6 月 30 日"买卖点"截图

在图 4-20 中,000858 五粮液的股价在 2010 年 11 月 29 日的股价最高价 36.88 元,与 2014 年 1 月 9 日的股价最低价 11.33 元的运行区间,建立一个波段 K 线圆 O,波段区间为(11.33 元,36.88 元)。从 K 线圆 O 中分析,2014 年 1 月 9 日的股价最低价 11.33 元建立支撑颈线 B 线,股价站在支撑 B 线上方,"买点"B 点成立,即从 B 点开始 000858 五粮液的股价随之上涨。2010 年 11 月 29 日的股价最高价 36.88 元建立历史颈线 AC 线,在 AC 线下方的 BC 时段,000858 五粮液基本上建仓、打压、吸筹。股价冲过历史颈线 AC 线,开启主升浪行情。经过 94 天的盘升上涨,股价涨到了 2017 年 6 月 27 日的 57.20 元,创了近几年的历史新高。只差一个涨停板,就可以触及目标预测阻力 D 线 62.43 元的位置,即(36.88－11.33)＋36.88＝62.43(元)。如图 4-20 中的 E 点所示,卖点没有出现,E 点还不是"卖点"。因此,000858 五粮液的一个波动圆周期 K 线圆 O 还差一两天的运行时间,在图 4-20 中还画不完整,即上半圆的顶部部分画不出来。因为在 2017 年 6 月 30 日截图之际,000858 五粮液的 K 线圆的波动周期走势还没有走完整。

图 4-21 是"600519 贵州茅台日线走势 2017 年 6 月 30 日'买卖点'截图"。

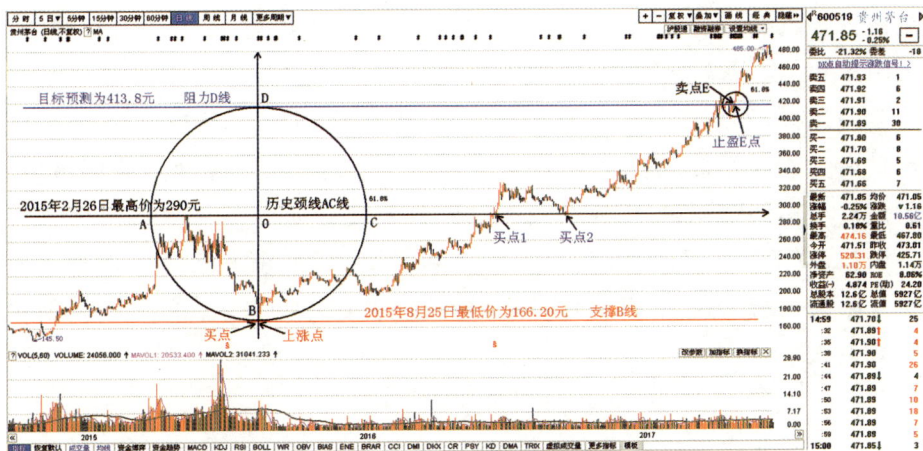

图 4-21   600519 贵州茅台日线走势 2017 年 6 月 30 日"买卖点"截图

在图 4-21 中,600519 贵州茅台在 2015 年 2 月 26 日的股价最高价 290 元,与 2015 年 8 月 25 日的股价最低价 166.20 元的运行区间,建立一个波段K线圆O,波段区间为(166.20元,290元)。从K线圆O中分析,2015年8月25日的股价最低价166.20元建立支撑颈线B线,股价站在支撑B线上方,"买点"B点成立,即从B点开始600519贵州茅台的股价随之上涨。2015年2月26日最高价290元建立历史颈线AC线,在AC线下方的BC时段,600519贵州茅台基本上建仓、打压、吸筹。当2016年7月4日股价以收盘价293.9元,刚好站立在历史颈线AC上,出现了"买点1",如图4-21所示。经过三四天的小幅盘升,于7月7日摸至最高价为326.80元,便回落整理,经过63天左右的整理调整,于9月27日—29日3天时间企稳,9月30日收盘价297.91元稳稳地站立在历史颈线AC上方,最低价290元刚好触及历史颈线AC线,一分钱也不差。这一天买点出现,如图4-21中的"买点2"所示。从"买点2"出现开始,600519贵州茅台展开了主升浪行情。2017年4月20日股价上冲阻力颈线D线413.8元成功,最终收盘价为415.31元,提示止盈信号出现。经过10天左右时间在阻力D线附近上下震荡整理,于5月15日以420.39元上冲跃过阻力D线,以收盘价为419.55元提示为准,"止盈E点"确认成立。因此,从"止盈E点"确认当天,或第二天应该截断利润,获利了结,卖出该股。虽然,此时成交量没有跟随着急剧放大,还可以持股,但笔者认为后面只要见到成交量急剧放大,且放出天量,或者出现(带有长上影线的)大阴K线,必须卖出该股所有筹码。在600519贵州茅台2017年6月30日截图当天,发现股价在6月26日那一天已经创出了历史新高,最高价创新高为485元,市值已经上冲过6000亿大关,相当于整个板块的市值。近几天小幅回落调整,但还是没有见到放大成交量。

在2017年5月22日的东方财富新闻上,深圳东方港湾投资管理股份有限公司董事长、私募大佬但斌,持续发表看好贵州茅台的言论。他在微博上表示:

> 除非中国的白酒文化衰落了,只要赤水河的水还在流淌,否则你等一千年一万年也看不到贵州茅台崩盘的时刻!贵州茅台就算过了高速成长期,至少也会像可乐、帝亚吉欧,或者就像"高等级债券"一样吸引稳健的长期投资人。

当天，网友发表看空贵州茅台言论引起热议，上海砥俊资产管理中心总经理梁瑞安表示，2018年年底如果茅台不到每股600元，就捐出50万给慈善机构。但斌立刻接话称，"我愿赌1000万，1亿也行！为慈善事业做贡献！"

虽然资本大佬们看好贵州茅台，但是很明显但斌有炒作股价和哄抬股价的嫌疑。又过了几天，即2017年7月6日中国最豪华的神华分红方案，就兑现了。

公司2016年度派发每股0.46元的现金股息（税前），另外公司还派发每股2.51元（税前）的特别股息，两项相加后，派发的现金股息达每股2.97元（税前），现金分红总额达591亿元。

也许分红方案兑现之后，引发A股指数大幅回落调整，也有可能引发A股进入一波大牛市。箭在弦上，不得不发。趋势是向上还是向下？在关口上，回避风险才是当务之急。

截至2017年7月3日尾盘收市，查东方财富软件F10资料：600519贵州茅台的市盈率为23.61，市净率为7.32，每股净资产为62.9元，每股未分配利润为54.8元，每股收益为4.87元，净资产收益率为8.06％，每股现金流为4.86元。

现将600519贵州茅台近10年的净资产收益率（％）、每股收益（元）、每股现金流（元）列表如下。

	1703	2016年	2015年	2014年	2013年	2012年	2011年	2010年	2009年	2008年	9年平均
收益率％	8.06	24.44	26.23	31.96	39.43	45.00	40.39	30.91	33.55	39.01	34.55
每股收益	4.87	13.31	12.34	13.44	14.58	12.82	8.44	5.35	4.57	4.03	9.88
每股现金流	4.86	29.81	13.88	11.06	12.19	11.48	9.78	6.57	4.48	5.56	11.65

600519贵州茅台在2008年至2016年近9年的平均净资产收益率为34.55％，平均每股收益为9.88元，平均每股现金流为11.65元。

2008 年至 2017 年 3 月 31 日近 10 年的平均净资产收益率估值为 34.32%,平均每股收益估值为 9.84 元,平均每股现金流估值为 11.48 元。

目前 600519 贵州茅台的安全边际为:每股净资产＋每股收益＋每股未分配利润＋每股现金流＝62.9＋4.87×4＋54.8＋4.86×4＝156.62(元)。

按照巴菲特的现金贴现价值估值模型:内在价值＝每股现金流×4÷10 年国债利率(2017 年 7 月 3 日国债 3 年期利率为 3.52%,5 年期利率为 3.53%,10 年期利率为 3.60%)。目前 600519 贵州茅台的内在价值是:4.86×4÷3.6%＝540(元)。

按照格雷厄姆的价值估值模型:内在价值＝每股收益 E×(8.5＋2×增长率 R)。2017 年 3 月 600519 贵州茅台每股收益是 4.87 元,近 9 年每股收益的平均收益为 9.88 元,那么其增长率为(4×4.87－9.88)÷9.88 ＝97.2%。目前 600519 贵州茅台的内在价值是:4.87×(8.5＋2× 97.2%)＝50.86(元)。

按照净资产收益的价值估值模型:内在价值＝每股净资产×净资产收益率÷10 年期国债利率。目前 600519 贵州茅台的内在价值是 62.9× 8.06%×4÷3.6%＝563.3(元)。

600519 贵州茅台在 2015 年 8 月 25 日—2017 年 7 月 3 日的股价运行区间内,最低股价为 166.20 元,最高股价为 485.00 元。这波上涨趋势是从安全边际 156.62 元附近启动的,截至 2017 年 7 月 3 日的收盘价 460.37 元,已经运行差不多长达 24 个月之久,涨幅为 191.8%,远远超越了大盘涨幅(约 20%)。可谓涨势惊人,牛气冲天,不愧为白酒板块的液体"黄金股"、业绩喜人的大白马股。目前安全运行在基本接近内在价值的估值范围内,没有超出内在价值,暂时还可以持股。

在 2017 年 11 月 3 日,对 600519 贵州茅台进行了第二次估值。查东方财富软件 F10 资料:600519 贵州茅台的市盈率为 29.33%,市净率为 9.26%,每股净资产为 67.15 元,每股未分配利润为 58.33 元,每股收益为 15.91 元,净资产收益率为 24.97%,每股现金流为 18.14 元。

按照 2017 年 10 月份的国债 10 年期利率 3.71%,把 600519 贵州茅台的各种估值列举如下:

600519 贵州茅台在 2017 年 11 月的安全边际估值为:每股净资产＋

每股收益＋每股未分配利润＋每股现金流＝67.15＋15.91×4＋58.33＋18.14×4＝261.68(元)。

按照巴菲特的现金贴现价值估值模型,600519贵州茅台在2017年11月的预期内在价值是:18.14×4÷3.71％＝1955.80(元)。如果近10年的每股现金流的平均值为12.30元,那么600519贵州茅台的预期内在价值是:12.30×4÷3.71％＝1326.15(元)。

2017年11月3日600519贵州茅台的每股收益是15.91元,近10年每股的平均收益为10.48元,那么年增长率为(15.91－10.48)÷10.48＝51.82％。按照格雷厄姆的价值估值模型,600519贵州茅台2017年11月的预期内在价值是15.91×(8.5＋2×51.82％)＝151.72(元)。

按照净资产收益的价值估值模型进行估值,600519贵州茅台在2017年11月的预期内在价值是67.15×24.97％×4÷3.71％＝1807.80(元)。

图4-22是"600519贵州茅台月线走势股价'最高纪录'2017年12月14日截图"。

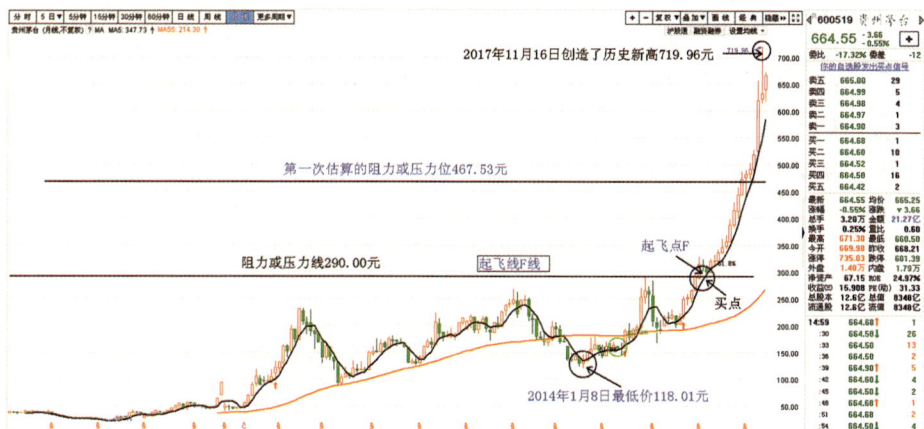

图4-22　600519贵州茅台月线走势股价"最高记录"2017年12月14日截图

在图4-22中,600519贵州茅台的股价,如果以2014年1月8日最低价118.01元那一天开始算起,经过差不多4年时间的长期运行,在2017年11月16日那一天,创造了历史新高,最高纪录是719.96元,涨幅为510.08％。对比历史上的许多牛股,发现其涨幅不大。对照600519贵州茅台的月线走势曲线图,其股价与第二次进行的估值数据相差太大,让我们在未来的日子里,拭目以待。

第五章　双圆模式的仓位控制

　　技术派分析鼻祖查尔斯·H.道认为日间杂波受人为影响最大、最无意义。因此,无论是基本面分析,还是技术分析,都认同一个事实:股价在一定程度上具有较大的随机性。追根溯源,其本质原因是股票市场所有投资人的买卖行为与供需行为不一致,从而造成股票走势杂乱无序,导致不能用必然律的因果法则来归纳演绎预测行情,只能用或然律的因果法则来分析、综合、统计预测行情。即便是所有投资人对大势行情做出一致的行为预测,但由于预测本身影响股价而最终导致预测失败。股价走势是随机的、无序的、杂乱的,具有不可预测性,自然就存在着风险。在股票市场必须引入风险控制,而仓位控制是实战中最直接、最有效的风险控制方法。本章主要讨论双圆模式操作下"二二配置"的简单投资模式。

一、什么是仓位？

仓位是指投资人实有投资和实际投资资金的比例。例如：如果你用 5 万元进行投资，现用了 2 万元买股票，你的仓位是$[(2\div5)\times100\%=]40\%$。现用了 2.5 万元买股票，你的仓位是$[(2.5\div5)\times100\%=]50\%$，即半仓。你的操作行为就是半仓操作。现用了 3 万元买股票，你的仓位是$[(3\div5)\times100\%=]60\%$，即满仓。你的操作行为就是满仓操作。如果你把 5 万元全部买了股票，你的仓位就是$[(5\div5)\times100\%=]0$，即全仓。你的操作行为就是全仓操作。如果你没有买股票或卖出了股票，你的仓位是$[(0\div5)\times100\%=]100\%$，即空仓。你的操作行为就是空仓操作。

因此，如果你用 a 元进行投资，现用了 b 元（$a>b$）买股票，那么仓位大小的简单计算公式是：仓位＝$(a\div b)\times100\%$。这个计算公式也可适用于期货、债券等金融投资市场。

二、持仓比例

在弱市中要对持仓的比例做适当压缩，特别是一些仓位较重的甚至是满仓的投资者，要把握住大盘下滑途中的短暂反弹机会，将一些浅套的个股适当清仓卖出。因为，在大盘连续性的破位下跌中，仓位过重的投资者，其资产净值损失必将大于仓位较轻投资者的净值损失。股市的非理性暴跌也会对满仓的投资者构成强大的心理压力，进而影响到投资者的实际操作。由于熊市中不确定因素较多，在大盘发展趋势未明显好转前也不适宜满仓或重仓操作。所以，对于那些部分浅套且后市上升空间不大的个股，要果断斩仓。只有保持充足的后备资金，才能在熊市中应变自如。

三、仓位结构

当股市中"熊"气弥漫，大盘和个股接二连三表演"高台跳水"时，投资者不要被股市这种令人恐慌的外表或景象所吓倒,跌市中的非理性的连续性破位暴跌恰好是调整仓位结构、留强汰弱的有利时机。可以将一些股性不太活跃、盘子较大、缺乏题材和想象空间的个股逢高卖出,选择一些有新庄建仓、未来有可能演化成主流的板块和领头羊的个股逢低吸纳。千万不要忽视这种操作方式,它将是决定投资者未来能否反败为胜或跑赢大市的关键因素。

四、仓位管理的方法

一般情况下,资金量大的投资者尽量不要重仓,尤其不要满仓,至少不能长期满仓。资金不多的投资者,可在个人能够承受的风险底线之内,适当重仓。

根据股票价格确定仓位轻重。对后市看好的股票,在基本面未有任何改变的前提下,应该采取高位轻仓、低位重仓、越涨越卖、越跌越买的策略方式,而不是随波逐流,人云我云,频繁地追涨杀跌。

根据点位定仓位。确定仓位大小时,还有一个重要的判定依据就是大盘的点位。一般来说,当大盘涨幅已大、处于相对高位时,要减仓、轻仓,越往上走,仓位越要降低;在大盘相对低位,要增仓、重仓,越是下跌,仓位愈可加重。在股票市场中,要千万记住一个买卖仓位法则:"不涨不卖、小涨小卖,大涨大卖,不跌不买、小跌小买、大跌大买。"

如何对仓位进行管理呢? 根据股票市场的行情走势,采取不同的管理方法:

1. 如果大势是上涨行情,那么保持仓位不变。同时,上涨行情持续上涨,也可以考虑适当少量加仓。当然,最好是在行情上涨的初期全仓买进,在上涨过程中尽量不要加仓。

2. 如果大势是震荡行情,对照前一时段的走势,在波段区间的上方减少或降低仓位,在波段区间的下方增加或升高仓位。当然,震荡行情趋势已经发生变化或不能维持原状时,应该当机立断地卖出股票或全仓杀入后锁仓。

3. 如果大势是下跌行情,那要有足够的耐心等待,一直要等到下跌趋势的末期,大盘止跌企稳,并出现趋势好转迹象,趋势已经明朗化,才可以补仓或买进股票。

4.如果对大势判断不准确,市场趋势不明朗的时候,投资者满仓操作是不可取的。要保持清醒的头脑,最好是空仓。当然,投资者绝对空仓的操作行为更是不对的。空仓,也是一种投资行为,在熊市里保住本金就是赚钱。我们要转变观念,踏空的代价仅仅是失去一次赚钱的机会,但是追涨后的深套也许会让你陷入进退两难的万丈深渊,让你跌得鲜血淋漓、粉身碎骨。

下面是一则关于投资的寓言故事,阅读后你有什么启发呢?

> 从前有三个和尚,下山出远门,在返回的山路中突然电闪雷鸣、狂风大作,下起大暴雨。其中一个和尚带了一把雨伞,一个和尚带了一根拐杖,另一个和尚什么也没有带。雨停后,三个和尚陆续上山回到寺庙。带了雨伞的和尚,下半身全部都湿透了。带了拐杖的和尚,自以为是,在泥泞的山路上不断地行走,不断地滑倒,摔得遍体鳞伤。而什么也没有带的和尚,却干干净净地回到了寺庙。

试问:第三个和尚为什么没有事呢?聪明的读者,你可能马上就找出了原因。因为他躲雨去了,不着急赶路。雨停后,才回来。

启示:股票市场的投资也是如此。有一些投资者在大势不好(如电闪雷鸣、狂风大作,下大暴雨)的时候还在频繁地操作交易,甚至在市场下跌的初期阶段还在保持满仓或加仓操作。自认为懂得技术或掌握了消息,(如雨伞、拐杖)就想在熊市中逆市获利,最终摔得遍体鳞伤、鲜血直流。

因此,仓位控制事实上是一种风险控制。试想,如果你能百分之百地预测行情,还谈什么仓位控制,应该每次全仓杀进全仓杀出。从资金使用效率的角度讲,因为满仓操作是最高效的管理手段。

根据市场的变化来控制自己的仓位,是炒股非常重要的一个能力,如果不会控制仓位,就像打仗没有后备部队一样,会很被动。

在炒股实战中良好的仓位控制是投资者规避风险的有力武器。在股市中,投资者只有重视和提高自己的仓位控制技巧,才能有效控制风险,等待时机并把握时机,方能反败为胜。

五、仓位的分仓策略

严格控制仓位是投资资金管理中最重要的一环,也是要严格遵守的纪律。每次必须严格控制买入股票的数量不超过可使用保证金的三分之一。

仓位的控制,在投资者的行为过程中是十分必要的。因为仓位决定态度,态度决定分析,分析影响决策,决策影响收益;因为真正影响绝大多数投资者投资收益的决定性因素是"仓位控制";因为仓位控制的好坏决定了投资者能否从股市中长期稳定地获利;因为仓位的控制影响着投资者的风险控制能力;因为仓位的深浅还会影响投资者的心态好坏,实战中较重的仓位会使人忧虑焦躁。

仓位控制,一般情况下从以下几个方面来考虑。

1.分散投资与集中投资的策略。根据资金实力的大小,资金多的投资者可以适当分散投资,资金少的投资者采用集中投资操作,不会造成成本交易费率的提高,从而提高利润。

2.价值投资策略。根据选股的思路,如果是从投资价值方面选股,属于长期的战略性建仓的买入,可以运用分散投资策略。如果仅是从投机角度选股,用于短线的波段操作或用于针对被套牢个股的盘中"T+0"的超短线操作,不能采用分散投资策略,必须用集中兵力、各个击破的策略,每次认真做好一只股票。

3.资金(股票)面分配比例的分仓策略。通常有等份分配法和金字塔分配法两种。所谓等份分配法,就是将资金分为若干等份,买入一等份的股票,假如股票在买入后下跌到一定程度,再买入与上次相同数量的股票,依此类推以摊薄成本。而买入后假如上涨到一定程度则卖出一部分股票,再涨则再卖出一部分,直到等待下一次操作的机会来临。而金字塔分配法也是将资金分为若干份,假如股票在买入后下跌到一定程度再买入比上次数量多的股票,依此类推,假如上涨也是先卖出一部分,假如继续涨,则卖出更多的股票。

这两种方法共同的特点是越跌越买,越涨越抛。究竟采取哪一种分配方法就要看投资者本人了,假如投资者对后市的判断比较有把握,则应采取等份分配法。股价处于箱体运动中也可采取等份分配法来获取差价。而假如投资者喜欢抄底或者对后市判断不十分有把握时,金字塔分配法则是较好的选择，因为在摊低持股成本方面和最大化利润率方面，金字塔分配法都比等份分配法来得更稳健。关于这两种方法都比较适用于波段操作的投资者（通常追求低位买入），而对喜欢冒风险的激进型投资者就不适用了，激进型投资人（在拉升过程中进场）由于参与的个股风险较大，因此一般应该设置较为严格的止损位，越跌越买的策略可能会导致血本无归。

4. 个股品种的分仓策略。我们总是见到关于鸡蛋是放在一只篮子里还是几只篮子里的讨论，而且公说公有理，婆说婆有理。究竟采取哪一种方法就要看投资者本人了。确实有把握的，就该咬定一股不放松。如果把握不大，则应买入 2—3 只个股（因为股票买得太多，不便于管理和跟踪。况且绝大多数投资者资金量也不是很大）。需要注意的是，所买的几只股票，应尽量避免买重复题材或相同板块的个股，因为具有重复题材或相同板块的股票都具有联动性，一只不涨，另外的也好不到哪里去。

5. 弱市的分仓技巧。在市场趋势不明朗的时候，投资者满仓操作是不可取的。同时，投资者的绝对空仓的操作行为更是不对的。当大盘在熊市末期，大盘止跌企稳并出现趋势转好迹象时，对于战略性补仓或铲底型的买入操作，可以适当分散投资，分别在若干个未来最有可能演化成热点的板块中选股买入。

6. 强市的仓位分配技巧。当市场行情处于强势上升中时，投资者必须注意掌握以下仓位控制要点，提高投资的安全性。要注意几点：（1）投资者应该以 1/3 资金参与强势股的追涨炒作。（2）以 1/3 资金参与潜力股的中长线稳健投资。（3）留下 1/3 资金做后备资金，在大盘出现异常变化时使用。（4）强市中最适宜的资金投入比例要控制在 70％以内，并且需随着股价的不断上升适当进地行灵活变化操作。

第二节 双圆模式的仓位操作流程

　　二分法,应用在资金分配比例上就是二二配置的等份分配法,是一种最简单的投资操作模式。具体来说,就是简单投入模式。一般来讲,二二配置,就是资金的投入始终是半仓操作,对于任何行情下的投入都保持必要的、最大限度的警惕,始终坚持半仓行为,对于股票市场的风险投资首先要力争做到立于不败之地,始终坚持资金使用的积极主动的权利,在投资一旦出现亏损的情况下,如果需要补仓行为,则所保留资金的投资行为也是二二配置,而不是一次性补仓,二二配置是简单投入法的基础模式,简单但具有一定的安全性和可靠性。但二二配置的缺点是投资行为在一定程度上缺少积极性。

　　图 5-1 是"圆弧型 K 线圆模式的仓位操作流程图"。

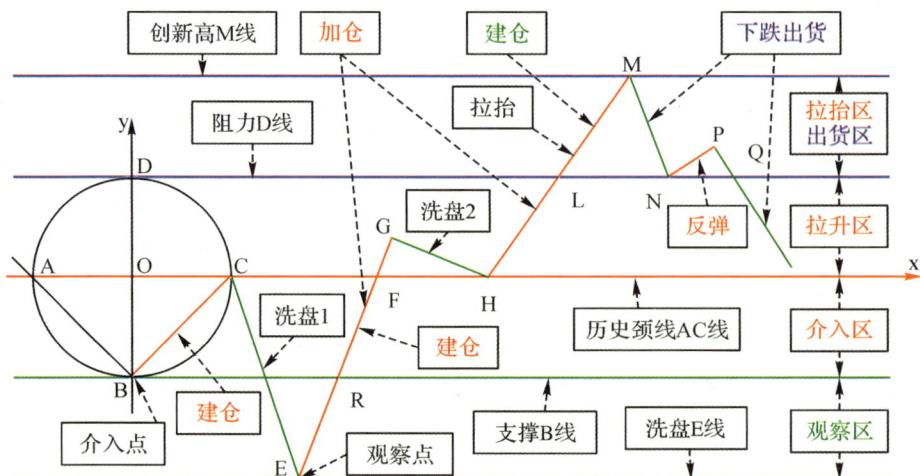

图 5-1　圆弧型 K 线圆模式的仓位操作流程图

　　在图 5-1 中,在圆弧型 K 线的股票运行走势中,BC 段为股票的建仓时段,可以满仓操作。EG 为股票的拉升时段,可以加仓操作。HM 为股票的拉抬或拔高股价的时段,要冲击阻力 D 线,在 D 线的阻力下方 HL 时段可以加仓操作;在 D 线的阻力上方 LM 时段应减仓操作。MNPQ 时段股价已经下跌下滑,已经进入出货区,应考虑以出货为主,进行清仓操作。

如图 5-1，主力在 BC 时段建仓完毕后，股价进入 BC 时段的末期 C 点，已经身陷波段历史颈线 AC 的最大压力中心，股票开始进入第一次建仓洗盘的 CE 时段。一般情况下，建仓后的洗盘不能太深，不应低于 K 线圆的介入点 B 点，否则主力很难把股价拉回来。

如图 5-1 中的 E 点，就是洗盘太深。这个最低点 E 点作为观察点，我们在洗盘线 E 线与支撑线 B 线之间的观察区进行观察，如果在拉升过程中冲过了支撑线 B 线，并得到支撑，取 R 点为新的介入点，进入支撑线 B 线与波段历史颈线 AC 线之间的介入区进行阻击 F 点，为股价的第一买点。一旦股价突破历史颈线 AC 线，股价进入小幅拉升，但在预测的阻力线 D 线下方回落调整，也可能触及阻力线 D 线。小幅拉升的 FG 时段，也称股价的试盘阶段。股价从 G 点回落后，开始清理浮筹，便进入了第二次洗盘阶段，如图 5-1 中的 GH 时段。

主力清理浮筹完毕后，股价触及波段历史颈线 AC 线的 H 点，为第二买点，为不破买点，也是支撑点。从第二买点 H 点开始，股价获得强力支撑，主力决意拉抬或大幅拔高股价，这就是通常意义上讲的个股的牛市行情阶段，在拔高股价的 HM 时段，股票运行 8—15 天时间或更长时间，股价涨幅惊人，通常涨幅为 100%—150%，有业绩支撑的股票涨幅更是惊人，涨幅为 100%—400%。如果遇重大题材或政策支持的股票，涨幅更吓人，为 100%—600%，甚至更多。当股价创阶段新高或历史新高，主力开始着手考虑出货。

如图 5-1，股价从创新高 M 点回落下滑，进入创新高线 M 线与预测目标阻力线 D 线之间的出货区 MN 时段。由于这时投资者意见不一致，导致在 N 点好像有起死回生的一小波反弹，如图 5-1 中的 NP 时段所示。

一小波反弹结束后，主力基本上出货完毕。主力已经离场，开始寻找下一只正要启动拉升的股票了。股价于是开始雪崩式的断崖跳空急速下跌。如果你没有在最后一个出货点 Q 点出货，那么你就坐飞机似的进入股票的深套了。所以，明智的办法是在股价的出货区 MNPQ 时段，要随着主力一起出货撤退，获利了结，截取利润；而不是一味地死守股票，熬过股票熊市的冬天。如果从最后一个出货点 Q 点开始，你已经深套其中，那就要有壮士割腕断臂的雄心，痛定思痛，全部清仓。出货双重型、多重型 K 线圆模式的仓位操作，与圆弧型 K 线圆模式的仓位操作基本相同，存在的区别只是底部形态差异不一样，一旦进入拉升阶段，其走势运行轨迹基本都一样。在仓位控制过程中，具体对照圆弧型 K 线圆模式的仓位控制过程与操作流程，在此不重复陈述。

第三节　双圆模式的建仓控制

回顾第二小节"圆模式的仓位控制",我们知道K线圆模式的仓位控制分为五个区域:观察区、介入区、拉升区(第一次拉升)、拉抬区(第二次拉升)、出货区。其中,拉抬区与出货区重叠,但意义不同。K线圆模式的建仓区域,应在股票运行走势的"介入区",即K线圆O的下半圆部分对应的AB下跌时段与BC上升时段。大资金的投资者,如基金、社保、信托、券商、养老金等超级主力,建仓吸筹的筹码比较多,不是几天或几周内完成的,一般是在K线圆O的下跌末期AB时段,就着手开始大力吸筹建仓了。而小资金的投资者,通常情况下都是在K线圆O的趋势反转行情BC时段建仓的,如图5-1所示。在K线圆O的拉升行情的EG时段,与拔高股价的HL时段,也可以加仓进行操作。

图5-2是"600326西藏天路周线走势建仓操作2017年3月30日截图"。

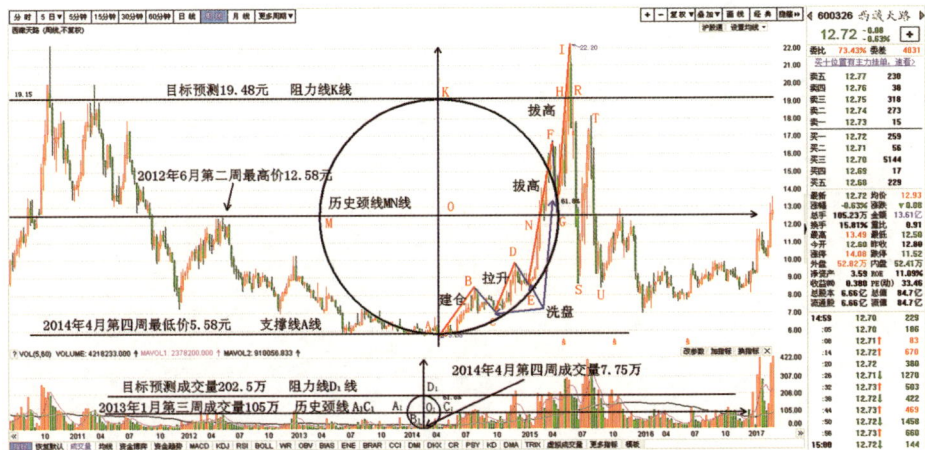

图5-2　600326西藏天路周线走势建仓操作2017年3月30日截图

在图5-2中,600326西藏天路的K线与成交量分别完成了一个圆周期运动变化:一个是K线圆O,一个成交量圆O_1。观察K线圆O,2012年6月第二周股价达到了最高价12.58元,建立了历史颈线MN线;2014

年 4 月第四周股价达到了最低价 5.58 元,建立了支撑线 A 线。股价的预测目标为 $(12.58-5.58)+12.58=19.58$(元),如图 5-2 中的阻力颈线 K 线所示。

观察成交量圆 O_1,2013 年 1 月第三周成交量达到了波段最高量 105 万,建立了历史颈线 A_1C_1 线;2014 年 4 月第四周成交量萎缩到了波段最低量 7.75 万,建立了支撑线 B_1 线;成交量的预测目标为 $(105-7.75)+105=202.25$(万),如图 5-2 中的阻力颈线 D_1 线所示。

在图 5-2 中,对于 600326 西藏天路 K 线圆 O 的周线行情走势,AB 段为建仓时段,可以满仓操作的。CD 段为试盘拉升时段,是可以加仓操作。EF 段为拔高股价时段,可以加仓操作。但在 GI 段的拔高时段,要分为两段来进行仓位控制:GH 段可以加仓操作,而 HI 段已经冲过阻力线 K 线,应进行减仓操作。

第四节　双圆模式的出仓控制

回顾第一小节"圆模式的仓位控制"，K 线圆模式的出仓区域，应在股票运行走势的"出货区"或在一些行情走势存在可以减仓的运行时段，比如在建仓完毕后第一次清理洗盘的 CE 运行时段，或在小幅拉升试盘后的第二次清理洗盘的 GH 运行时段。所以，对照图 5-1 所示，K 线圆模式"出货区"的应为 MNPQ 运行时段，即从创阶段新高或创历史新高的 M 点，预测阻力 D 线下方择机选择清仓出货。股价下跌，没有及时出货的，也可以选择在一小波反弹的运行过程中，在运行时段 NP 时段择机选择清仓出货。当然，最后一次必须在跌破目标预测阻力线 D 线的 Q 点或 Q 点附近果断出货清仓。因为在 Q 点之后，行情的走势基本上都是出现断崖雪崩式跳空急速下跌，所以决不能等待。"风萧萧兮易水寒，壮士一去兮不复还。"悲凉壮烈地全部清仓离场，不能优柔寡断，决不能侥幸还会反弹。否则，就会跌入万丈深渊，深套其中。

图 5-3 是"600326 西藏天路周线走势出仓操作 2017 年 3 月 30 日截图"。

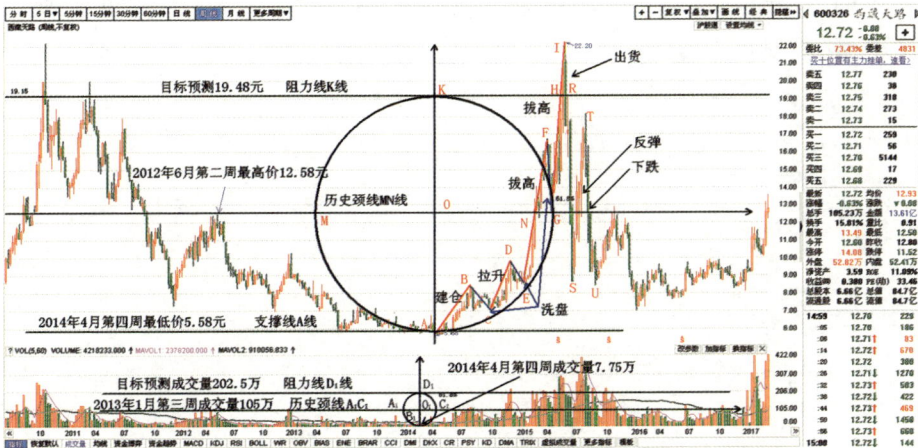

图 5-3　600326 西藏天路周线走势出仓操作 2017 年 3 月 30 日截图

在图 5-3 中，对于 600326 西藏天路 K 线圆 O 的周线行情走势，BC 时段、DE 时段、FG 时段为洗盘运行时段，应进行减仓操作。IS 时段为下滑

113

第五章　双圆模式的仓位控制

下跌时段,也应减仓操作。具体来说,在 IR 时段股价运行在出货区,又在目标预测阻力线 K 线 19.48 元上方,严格说应进行出货操作。R 点已经跌破阻力 K 线,股价在 RS 时段急速下跌,应在出货点 R 点全部清仓、离场。仔细的读者,在图 5-3 上请用线段画出,IR 主力出货时段,RS 下跌时段,ST 反弹时段,TS 下跌时段。

在图 5-3 中,对于 600326 西藏天路成交量圆 O_1 的周线行情走势,2013 年 1 月第三周成交量达到 105 万,为历史颈线 A_1C_1。2014 年 4 月第四周最低成交量达到 7.75 万,根据成交量波段区间(7.75 万,105 万),计算出目标预测成交量为 202.5 万,为阻力线 D_1 线。成交量量柱,一旦击穿阻力线 D_1 线,就应该出货。2015 年 5 月最后一周成交量为 291 万,为大阳柱。2015 年 6 月连续两周持续成交量为 296 万、284 万,都高于目标阻力成交量 202.5 万,即连续三周击穿阻力线 D_1 线有效,信号提示要清仓出货。对应 K 线圆的股价走势,果然在 2015 年 6 月第三周股价开始下跌。股价走在 K 线圆的目标阻力线 K 线 19.48 元的下方,与在"出货区"尽快获利了结的提示信号,是一致的。

当成交量冲过了成交量圆 O_1 的阻力颈线 D_1 线,股价也冲过了 K 线圆 O 的阻力颈线 K 线。HIR 时段对应的为"出货区",在第六章 HI 时段对应的为"止盈区",IR 时段对应的为"止损区"。因此,H 点为"止盈点",R 点为"止损点"。

第六章 双圆模式的风险控制

"投资有风险,入市须谨慎。"这句股市箴言告诫我们投资是有风险的。从交易的范畴来讲,风险控制是必需的。风险控制,包括仓位管理与止损控制。第五章已经讲述了"仓位管理控制"。本章主要强调的是止损与管理风险控制。止损,如何设置呢?方法很多:有K线止损法,有均线止损法,有机械止损法,有筹码发散止损法,有岛型反转止损法,有技术止损法等。当然,也有以支撑位与阻力位设置止损进行股票买卖操作的。下面按照圆模式操作流程,以支撑位与阻力位设置止损,讲述如何进行止损控制与风险管理。

<h1>第一节　股票投资的风险控制</h1>

股票是高收益、高利润的投资品种,存在着极大的风险。自从 1611 年东印度公司进行股票买卖交易以来,股票市场应运而生了,但是经过 400 多年的长期发展,人类对股市运作的认知,始终还是一个极具有挑战性的世界难题——因为股市的运行趋势从本质上讲是无秩序、无规则、随机、不可预测的,这是股票投资风险的根源所在。迄今为止,尚没有任何一种理论和方法能够令人信服并且经得起时间检验。正如瑞典皇家科学院在授予罗伯特·席勒等人 2013 年度诺贝尔经济学奖时指出:几乎没有什么方法能准确预测未来几天或几周股市、债市的走向,但也许可以通过研究对 3 年以上的价格进行预测。

股票投资的风险具有明显的二重性,因为它的存在是客观的、绝对的,又是主观的、相对的;它既是不可完全避免的,又是可以控制的。投资者对股票风险的控制就是针对风险的这两重性,运用一系列投资策略和技术手段把承受风险的成本降到最低。

股票的风险控制,应从以下几个方面来认识。

<h2>一、正确认识市场风险</h2>

查东方财富炒股软件,中国证券登记结算有限责任公司数据显示,截至 2016 年 12 月 23 日,中国个人投资者数量已经超过 1.17 亿,而另一组专业数据显示,2016 年个人投资者所持有的 A 股流通市值减少了约 1.54 万亿元。据此估算,2016 年个人投资者的人均亏损额为 1.32 万元。中国 A 股市场,亿万股民遨游于股海之中,其目的只有一个,都想从股市中赚取利润,但股市里是否人人都能赚到钱呢? 回答是肯定的:不可能。

只要稍微有点经济学常识的人都知道,股票没有价值,只有交换价值与使用价值。因此,股票本身不能产生价值,也就无利润可言。在股票市场这个虚拟经济市场,股民赚的钱都是别人口袋里的钱。即在股票市场这个"金融大蛋糕"中,无非是财富的一次次迁移。在消息、技术、资金、人力、势力等不对等的情况下,绝大多数股民亏钱赔本是毋庸置疑的。

股票市场变幻莫测、诡秘异常，许多风险是我们无法预测的，正确地认识这个市场的性质、特点与规律是投身股市必备的前提条件。从本质上讲，揭开股市华丽的神秘面纱，股市是一个人是少数人赚取多数人钱财的地方。这里是胜利者的天堂，失败者的地狱。因此，在中国 A 股市场，流行着一句谚语：七亏二平一赢。大部分股民都是亏钱的、赔本的，只有极少数掌握了股市规律的人在赚钱。面对中国股票市场，不少散户股民戏言："中国股市，不是在天堂，就是在地狱。"

《孙子兵法·作战篇》云："其用战也，胜，久则钝兵挫锐，攻城则力屈，久暴师则国用不足。夫钝兵挫锐，屈力殚货，则诸侯乘其弊而起，虽有智者不能善其后矣。故兵闻拙速，未睹巧之久也。夫兵久而国利者，未之有也。故不尽知用兵之害者，则不能尽知兵之利也。"

大意是说军队作战就要求速胜，如果拖得很久则军队必然疲惫，挫失锐气。一旦攻城，则兵力将耗尽，长期在外作战还必然导致国家财用不足。如果军队因久战疲惫不堪，锐气受挫，军事实力耗尽，国内物资枯竭，其他诸侯必定趁火打劫。这样，即使足智多谋之士也无良策来挽救危亡了。所以，在实际作战中，只听说将领缺少高招难以速胜，战争旷日持久而有利于国家的事，从来没有过。所以，不能详尽地了解用兵的害处，就不能全面地了解用兵的益处。其思想主旨是用兵之害，将对国民经济造成严重的"拖累效应"。即不了解作战对经济等因素的不利影响，很难发挥用兵的好处。因此，在一定程度上，国家应限制股票市场这种虚拟经济的过度发展。涉足遨游股市，请别相信眼泪，也不要祈求别人的怜悯，想要来这里淘金就必须清醒地认识到股市潜在的巨大风险。

二、对股票的选择

截至 2017 年 3 月 24 日尾市收盘，笔者从"东方财富炒股软件"中统计：中国沪深股市共有 A 股 3283 只股票。其中，上证 A 股 1298 只，深证 A 股 1985 只，沪深 B 股 114 只。

面对股票市场红红绿绿、密密麻麻的几千只股票，明智之举是剔除那些风险明显大于回报的股票,缩小股票选择的范围,选择那些具有投资价值的股票。目前正常使用或流行的炒股软件,基本上都带有自动选股功能,这就给我们优化选择股票带来了很大的方便。

在这里首先谈哪些股票不可以介入。

1.不熟悉的股票不能做。选择股票,不能不提到股神巴菲特。作为超级投资大师,一个十分成功的投资者,巴菲特有很多投资经验和投资理念值得我们借鉴。其中最值得借鉴的投资原则是:不熟不做,不懂不买。这也是很多中国投资者比较认可的一个原则。巴菲特的主要意思就是:对于那些不熟悉、不了解的上市公司,自己绝不会下注,而是坚决地把自己的投资目标限制在自身能够理解的范围内。他多次忠告投资者:"一定要在自己理解力允许的范围内投资。"巴菲特几十年的投资生涯,始终都在贯彻这条原则,而且一直长期持有可口可乐、迪士尼公司、麦当劳、富国银行等28家企业的股票。这些企业家喻户晓、闻名全球,共同特点就是基本面容易了解,容易把握。因此,他管理的伯克希尔投资公司平均每年都保持近23.5%的收益。

借鉴巴菲特的炒股理念,我们买入一只股票之前,要对这只股票做深入细致的分析,要找到这只股票有没有炒作的题材,有没有政策扶持,有没有业绩支撑,营业利润是否大幅度提升等潜在因素,不要一味地盲目去炒作,去跟风。否则,面对那些亏损、退市、经营不善的企业的股票,无论主力炒作题材多么火爆,形式多么多样,其背后都是一堆美丽的谎言,最后只能是空中楼阁式的坍塌。因此,在每一次牛市退潮之后,我们就会发现是谁在股海中裸泳的真相。2008年9月15日,具有158年历史的美国第四大投资银行——雷曼兄弟,因美国的"次贷危机"影响,宣告破产,引发了华尔街巨大的金融地震,点爆了百年一遇的经济危机。其实质是贪婪的欲望导致的。

2.成交量低迷的股票不能做。如果一只股票的成交量长期低迷,一时无法放大,这样关注的投资者就比较少。一旦你介入此股票,遇上行情走坏,断崖式地暴跌,你想抽身离开市场都无法脱身。风险无处不在,风险无法控制,警告各位投资者,还是远离这类股票。

3.技术形态没有走好的股票不能做。翻开一只只牛股,你会发现都有炒作的题材,或有亮眼的业绩和形态完美的技术图形。当然一只股票,没有可炒作的题材，是不会吸引主力进入的。有主力介入，有可炒作的题材，这只股票才可以活。否则，好几年横盘在那里，像僵尸一样地自生自灭。任何一只股票主力要炒作，基本上都要经过建仓、吸筹、试盘、洗盘、拉抬、出货、反弹、下跌等一系列操作环节。无论主力在建仓、吸筹、试盘、洗盘等前期准备工作中多么小心隐蔽，在技术图表上都有迹可循，总是能找到一些蛛丝马迹的。在技术图表上，形态没有走好的，或不完美的，要么没有主力进驻，要么前期准备工作还没有做好。这时候，我们要做的是离这只股票越远越好。

《孙子兵法·九变篇》有云："凡用兵之法，将受命于君，合军聚众，……涂有所不由，军有所不击，城有所不攻，地有所不争，君命有所不受。"

大意是军队在打仗过程中，有的道路可以不走，有的敌军可以不打，有的城池可以不攻，有的土地可以不争，国君的命令也并不是条条都必须听从。其用兵的思想主旨是将领统兵作战时，有机断处置的权力，不是一切都要请示国君。

兵法用在股票市场中，就是不要选择那些无法把握的股票，不论它是否能给你带来丰厚的利润。因为只要是风险不易控制的股票都近似于赌博市场的赌博。如果运用在股票市场，就是有些股票不能做，有些钱不能赚。

三、资金管理

投资股市的人，你手里的资金就是你在股市中作战的武器，如何合理地运用你手中的资金，是股票操作的一个重要的环节。股市中的资金管理大致可分为两个方面：一、投入股市的资金占你总资产的比例：股市是个风险投资的场所，不论你股票操作水平高还是低，都不应该将自己的全部资产都投入股市中来，作为职业股民最多可将自己资产的 70％ 投入股市，而非职业股民最多只能拿出 30％—40％ 的资金投入这个风险市场。二、投入股市里的资金如何运用：不论你对某一只股票有多大的把握，也决不能把所有资金都投在一只股票上。天有不测风云，股票操作本身就是预测未来,再精确的判断都不能代替现实的走势,决不能因一次判断失误而全盘皆输,永远不要把所有的鸡蛋都放在一个篮子里。但股票操作中所做的股票也不可过于分散,那样也不便于管理,一般3—5只为宜。未进思退,居安思危,在股市这个风高浪急的地方,时刻都要给自己留有一条退路。

四、周密的入市计划

《孙子兵法·军形篇》云:"胜兵先胜而后求战,败兵先战而后求胜。"

这句话的大意是说,胜利之师是先具备必胜的条件然后再交战,失败之军总是先同敌人交战,然后期望从苦战中侥幸取胜。用现在的话说,就是胜利之师不打无准备之仗。

这句兵法用语应用在股市中,是说股票操作是一种投资行为,不是投机行为,更不是一种赌博行为。俗话说:未雨绸缪,方可运筹帷幄。就如同领兵打仗,在进行作战之前,必须做好一份周密详尽的作战计划,并制定好投入多少资金,什么时机,在多少价位上,选择买卖那一只股票。赚了,在什么价位上止盈,截取多大的利润,还要不要加仓。亏了,在什么价位上止损,要不要补仓等一系列操盘计划。当然,操盘计划要随着行情的走势不断地进行修改与完善。但大多数散户投资者进入股市,其买卖操作只凭瞎蒙瞎猜、小道消息、报刊电视股评人士推荐。这些投资者根本没有什么操盘计划,也没有对行情走势进行缜密判断,更没有仓位控制意识与风险控制意识,判断失误了也不勇于承认错误,只会固执己见,苦苦地等待并幻想市场会向自己有利的方向发展。

五、时机的把握

俗话说:"谋事在人,成事在天。天时,地利,人和。"讲的就是对成功的时机把握问题。具体到股市,就是在上升的趋势中择机逢低买进,在下跌的趋势中止损逢高抛出。简单地说,股价上穿阻力线后应择机买进,跌破支撑线后应止损卖出。如果在止盈点上不能截断利润,就会让利润流失殆尽;如果在止损点上不能逢高抛出,就会让投资付之东流。因此,对时机的把握,是操作买卖股票成功的一大关键。

六、盈亏比例

在股市中,风险无处不在。没有对风险的控制措施,你就无法在股市中立足。股市中许多人在犯同样的一个致命错误:赔得起,赢不起。具体来说,就是盈利只拿3天,套牢可扛3年,10次的盈利不抵一次亏损。不能为了蝇头小利而入市,不做无谓的牺牲。也不能为了扩大利润,一味地长期持股,充当炮灰。因此,入市之前要制定严明的操作纪律:在上涨趋势中,达到自己的目标利润,截断利润,止盈就离场;在下跌趋势中,仓位跌幅达5%左右,就止损抛出。在牛市行情中,止损下限可设置在跌幅达7%左右;在熊市行情中,止盈上限可设置在涨幅达5%—7%。

七、止损和止盈

股谚云:"会买的是徒弟,会卖的才是师父"。这里说的会卖既包括止损,也包括止盈。在股票市场,不会止盈,没有及时截断利润,经常看到有人坐电梯、过山车;不会止损,股票刚一启动拉升,有人坐上轿子就被挤下来,然后一直目送轿子上山越走越远,一边捶胸顿足一边痛骂自己。股票市场,风起云涌,瞬息万变,面对宏观政策的重大变动,面对企业或行业的重组、并购、增发等突发利好或利空,面对战争、瘟疫、地震、洪水等重大变故,要果断坚决地进行仓位的止损或止盈,幅度不宜过大也不宜过小。设置的止损、止盈点应以支撑位或阻力位为主要参考依据:上穿阻力线有效突破择机买进,不破择机逢高卖出,要设置好止盈点、止盈位与止盈盘。下穿支撑线有效突破相机卖出,不破择机逢低买进,要设置好止损点、止损位与止损盘。止损盘是使你不坚持错误的最好助手,是使你利润既不大幅缩水又不至于踏空行情的最好工具。遨游在股海之中,不能计较一朝一夕的利润得失,不能"一朝被蛇咬,十年怕井绳",要永远记住"留得青山在,不怕没柴烧"。

第二节　双圆模式的止盈控制

止盈（Stop-Profit/Stop Profit），也称停利、止赚，就是在你的目标价位上挂单出货，止盈的目的是让利润最大化。止盈的本质是"止"，就是股票卖出交易。无论股票市场，还是证券市场、期货市场，广大投资者都在遵循的一个止盈原则是——握住盈利的头寸，实现目标利润的最大化。具体来说，双圆模式的止盈如何控制？

一、止盈点

任何一只股票主力要炒作，基本上都要经过建仓、吸筹、试盘、洗盘、拉抬、出货、反弹、下跌等一系列操作交易环节。如图 6-1 所示。设置的止盈点应以阻力位为主要参考依据：上穿阻力线有效，突破择机买进；不突破阻力线，择机逢高卖出，视为"卖点"，即为"止盈点"，从严格意义来说是"阻力点"。

二、止盈位

请看图 6-1 是"个股走势拉抬股价的一幅简化曲线图"。

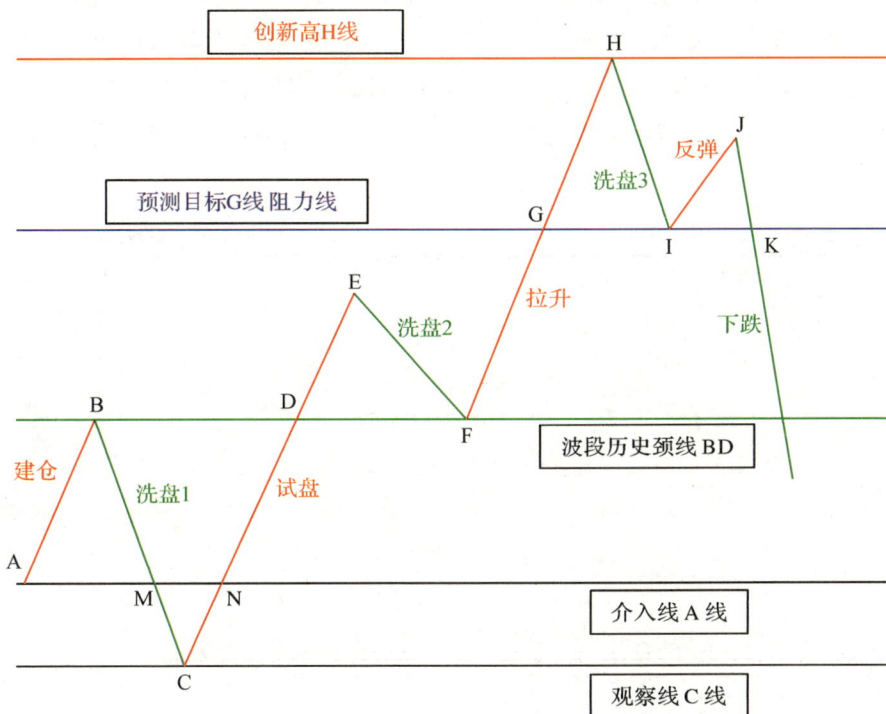

图 6-1　个股走势拉抬股价的一幅简化曲线图

在烟波浩渺的股海之中，股民们如何叱咤风云、笑傲江湖？如何在竞争激烈却又风险万千的博弈之中立于不败之地？其实一切都"有迹可循"。对照图 6-1，任何一只股票在拉抬股价的过程中，都要经过建仓、吸筹、试盘、洗盘、拉升（第一次拉升股价）、再洗盘、拉抬（第二次拉升股价）、出货等一系列操作环节。根据个股拉抬股价的简化曲线图，我们可以相应地找到操作股票的止盈点与止损位。

参照止盈点设置的依据：股价上穿阻力线没有有效突破逢高卖出，阻力线的性质没有发生根本变化，仍然是阻力线。这时"卖点"或"阻力点"所对应的位置，视为"止盈位"。如图 6-1 中，股价在建仓时段的末期"B点"没有突破波段历史颈线 BD 线，视为"止盈点"，BD 线为"止盈位"。股价在试盘时段的末期"E点",离目标预测阻力线G线很远,即压力位的下方,视为"止盈点",阻力线G线为"止盈位"。股价在拉升时段的末期"H点",创了波段股价的新高或历史新高,由于再不能创新高,在阻力位的下方,"H点"视为"止盈点",创新高线H线为"止盈位"。因此,"止盈点"都是"卖点",如"B点、E点、H点"。"止盈位"都是"阻力位"或"压力位",如"颈线BD线、目标阻力线G线、创新高线H线"。

图6-2是"000778新兴铸管日线走势'止盈'操作2016年5月6日截图"。

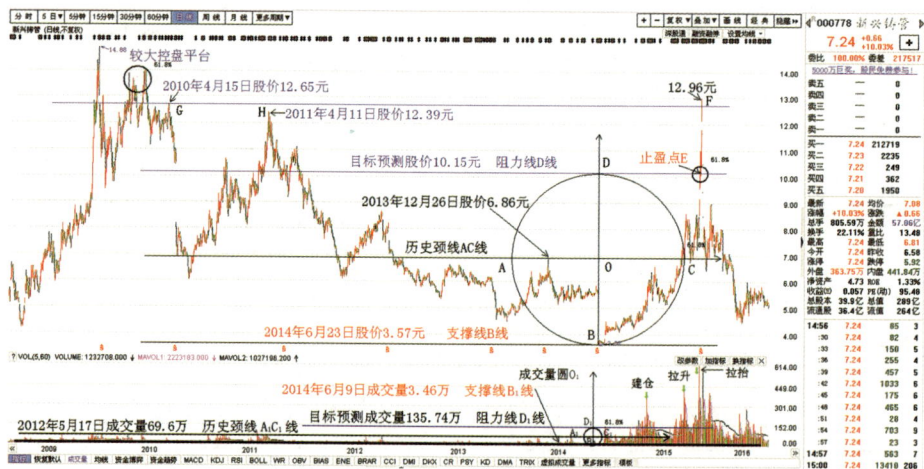

图6-2　000778新兴铸管日线走势"止盈"操作2016年5月6日截图

在图6-2中,K线圆O是在股价波段区间(3.57元,6.86元)运动变化的。股价在2013年12月26日达到了波段历史的最高价6.86元,形成了历史颈线AC线。在2014年6月23日每10股送5股并派息1元的利好刺激下,创造了向下的跳空缺口,缺口最下沿股价为3.57元,成了波段历史的最低价,形成了支撑线B线。目标预测股价为(6.86-3.57)+6.86=10.15(元),形成了虚拟的阻力线D线,构筑了强大的股价压力。

在图6-2中,成交量圆O_1是在量柱波段区间(3.46万,69.6万)运动变化的。从图中分析,成交量先于股价15天左右,于2014年6月9日出现罕见的地量3.46万,并形成了强有力的支撑线B_1线,同时股价在6月23日每10股送5股并派息1元的利好刺激下,开始出现突破小幅向上盘升。结合量柱区间,2012年5月17日成交量达到历史波段最高量69.6

万,形成了历史颈线 A_1C_1 线。经目标测算,预测成交量为 $(69.6-3.46)$ $+69.6=135.74$(万),形成了虚拟的阻力线 D_1 线,构筑了强大的量能压力。2015 年 4 月 17 日那一天成交量放出巨量 177 万,超出了 135.74 万,形成一股强大的阻力,于 4 月 21 日股价冲高到 8.33 元,遇阻回落,调整 20 天左右,于 6 月 8 日放出巨量 263 万,跳空涨停板冲关通过,又紧接着跳空连拉三四个涨停板。6 月 12 日在涨停板 12.96 元的惯性作用下,跳空冲过两个对望平台:一个是 2011 年 4 月 11 日的对望平台 12.39 元,一个是 2010 年 4 月 15 日的对望平台 12.65 元,但是无法冲过左边 2009 年 11 月—2010 年 1 月由 20 根 K 线组成的对望控盘平台,如图 6-2 箭头所指的黑色圆圈"较大控盘平台"所示。在强大的阻力区域内,"冷空气"急转而下,于 2015 年 6 月 13 日当天便跳空式下滑,连续暴跌三四个跌停板,才止跌。如果在 2015 年 6 月 9 日那一天,没有使用双圆模式操作控盘,在 E 点位置即时止盈,截断利润最大化,就有可能在 6 月 12 日之后的三四天,把所赚的利润输个精光。因为在 E 点位置,K 线圆 O 与成交量柱圆 O_1,刚好完成了两个圆周期运动变化。当然,大胆急进的投资者,在股价冲过阻力线 D 线后,升格为支撑线后,视 E 点为买点,择机买进,在对望平台压力线 G 线下,遇 F 点,逢高卖出,视 F 点为"止盈点"也可以,这样更能实现利润的最大化。但在图 6-2 中没标示 F 点为"止盈点"。同时,也可以结合 2015 年 6 月 12 日的跳空涨停板 12.96 元,视为衰竭缺口,由于动能衰竭,股价遇"对望控盘平台",必回落的现象,也可逢高卖出,进行止盈,即时截断利润。

因此,双圆模式控盘技术是最有效、最直接的操盘利器,也是最简单、最原始的操盘利器。

第三节　双圆模式的止损控制

止损,也叫"割肉",止损就是在你能够承受的风险损失的价位挂单出货。是指当某一投资出现的亏损达到预定数额时,及时斩仓出局,以避免形成更大的亏损。其目的就在于投资失误时把损失限定在较小的范围内。股票投资与赌博的一个重要区别就在于前者可通过止损把损失限制在一定的范围之内,同时又能够最大限度地获取成功的报酬,换言之,止损使得以较小代价博取较大利益成为可能。股市中无数血淋淋的事实表明,一次意外的投资错误足以致命,但止损能帮助投资者化险为夷。

波动性和不可预测性是股市最根本的特征,这是股市存在的基础,也是交易中风险产生的原因。交易中永远没有确定性,所有的分析预测仅仅是一种可能性,根据这种可能性而进行的交易自然是不确定的,不确定的行为必须得有措施来控制其风险,止损就这样产生了。

止损是人类在交易过程中自然产生的,是投资者保护自己的一种本能反应,股市市场的不确定性造成止损存在的必要性和重要性。成功的投资者可能有各自不同的交易方式,但止损却是保障它们获取成功的共同特征。世界投资大师索罗斯说过,投资本身没有风险,失控的投资才有风险。学会止损,千万别和亏损谈恋爱。止损远比盈利重要,因为任何时候保本都是第一位的,盈利是第二位的,建立合理的止损原则相当有效,谨慎的止损原则的核心在于不让亏损持续扩大。

明白止损的意义固然重要,然而,这并非最终的结果。事实上,投资者设置了止损而没有执行的例子比比皆是。股市里,被扫地出门的悲剧几乎每天都在上演。止损为何如此艰难?原因有三:其一,侥幸的心理作祟。某些投资者尽管也知道趋势上已经破位,但由于过于犹豫,总是想再看一看、等一等,导致自己错过止损的大好时机。其二,价格频繁的波动会让投资者犹豫不决,经常性错误的止损会给投资者留下挥之不去的记忆,从而动摇投资者下次止损的决心。其三,执行止损是一件痛苦的事情,是一个血淋淋的过程,是对人性弱点的挑战和考验。事实上,每次交易我们都无法确定是正确状态还是错误状态,即便盈利了,我们也难以决定是立即出场还是持有观望,更何况是处于被套状态下。人性贪婪的本能使每一位投资者不愿意少赢几个点,更不愿意多亏几个点。

因此,止损相当重要,要把握好三点。

其一,"凡事预则立,不预则废"。所有的止损必须在进场之前设定。做股票投资,必须养成一种良好的习惯,就是在建仓的时候就设置好止损,而在亏损出现时再考虑使用什么标准,但为时已晚。因此,严格的操盘纪律与执行力,是炒股成功的一大关键。

其二,止损要与趋势相结合。趋势有三种:上涨、下跌和盘整。在盘整阶段,价格在某一范围内止损的错误概率较大。因此,止损的执行要和趋势相结合。在实践中,笔者认为盘整可视作看不懂的趋势,投资者可以"休养生息"。

其三,选择交易工具来把握止损点位。这要因人而异,可以是均线、趋势线、形态及其他工具,但必须是适合自己的,不要因为别人用得好,你就盲目拿来用。交易工具的确定非常重要,而运用交易工具的能力则会导致完全不同的交易结果。

一、止损点

任何一只股票主力要炒作,基本上都要经过建仓、吸筹、试盘、洗盘、拉抬、出货、反弹、下跌等一系列操作交易环节,如图 6-1 所示。设置的止损点应以支撑位为主要参考依据:不破支撑线,择机逢低买进;下穿支撑线有效,跌破择机卖出,视为"卖点",即为"止损点",从严格意义上来说是"支撑点"。

二、止损位

根据止损点设置的依据:股价下穿支撑线没有有效突破逢低卖出,支撑线的性质没有发生根本变化,仍然是支撑线。这时"支撑点"所对应的位置,视为"止损位"。如图 6-1 中,股价在时段 AB 建仓完毕后,进行洗盘吸筹,进入股价运行的 BC 时段,在洗盘吸筹的末期 C 点,股价在观察线 C 线上方没有继续下跌,得到有效支撑,视为"止损点",观察线 C 线为"止损位"。股价在 CE 时段小幅拉升试盘阶段结束之后,主力在 EF 时段开始着手清理浮筹以及跟风者,在触及波段历史颈线 BD 线结束,如果没有下穿颈线 BD 线,那么第二次洗盘是充分的、有效的,否则是无效的。F 点视为"止损位"。但是由于 F 点,没有下穿过颈线 BD 线,获得强烈支撑,视为"买点"。如果把股价上穿过颈线 BD 线的支撑点 D 点,视为"第一买点",那么"F 点"称为"第二买点",因为"F 点"是股价没有突破颈线 BD 线获得强烈支撑形成的。这个点位很关键,也很有意思,像一只杯子的杯柄,它是一只股票拉升正在初起的位置,主力机构基本都是在这个点位上加仓拉升一只股票的。主力在 FH 时段拉升拔高股价后,开始出货、兑换筹码,进入 HI 时段,由于投资者意见不一致、目标也不一致,在目标预测阻力线 G 线上或 I 点附近得到支撑,有一小波反弹 IJ 时段,好像是回光返照一样。所以,"I 点"为"止损点"。

主力在 JK 时段,基本出货完毕,决定全部清仓,股价跌破支撑线 G 线后,应逢高择机卖出,G 线升格为阻力线或压力线,这时 K 点视为"止损点",也为最后一个最佳卖点。从 K 点之后,股价就开始下跌,而且是跳空悬崖式地暴跌。如果投资者没有在 K 点及时止损,最后随主力出货,紧接着便深套其中,利润损失殆尽。

因此,"C 点、F 点、I 点"为"止损点",都为有效的"买点"。当然,如果主力在建仓结束后,洗盘幅度比较低,没有跌破支撑线 A 线,即 M 点在支撑线 A 线上方止跌,或在支撑线 A 线附近止跌,或在支撑线 A 线上止跌,那么这时"M 点"要及时止损,应视为有效的"止损点"。"止损位"都是"支撑位",止损点在支撑位得到有效的支撑,如"支撑线 A 线、历史颈线 BD 线、目标阻力线 G 线"。股价跌破 A 线或 G 线后,在 M 点或 K 点,要有壮士割腕的狠心,不犹豫,不侥幸,全部清仓完毕。

请看图 6-3 是"000778 新兴铸管日线走势'止损'操作 2016 年 10 月 17 日截图"。

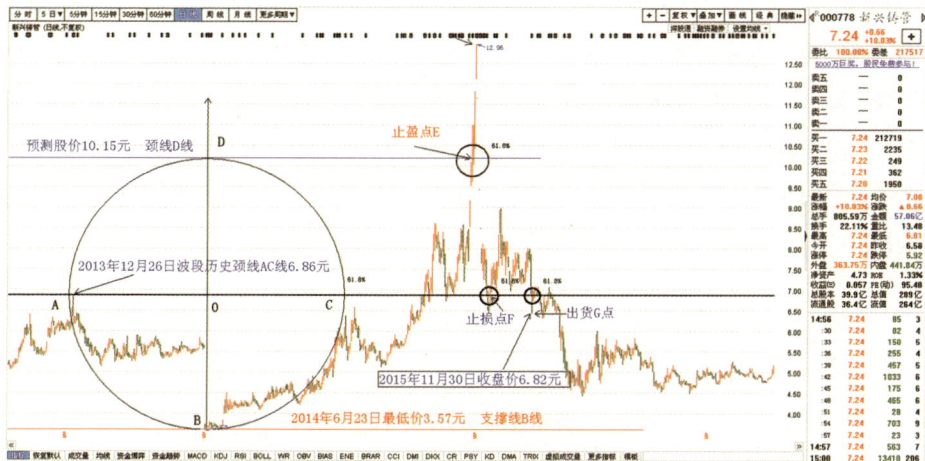

图 6-3   000778 新兴铸管日线走势"止损"操作 2016 年 10 月 17 日截图

从图 6-3 中分析,000778 新兴铸管于 2015 年 6 月 8 日放出巨量 263 万,跳空涨停板冲关通过 10.15 元的颈线 D 线,于是颈线 D 线从阻力线升格为支撑线,支撑股价强力上冲,所以后面三四天连拉三四个涨停板,其上冲动能便在于此。2015 年 6 月 12 日的股价 12.96 元,虽然以涨停板叫停,而且一天之内,一举冲过两个对望平台(2011 年 4 月 11 日 12.39 元的对望平台与 2010 年 4 月 15 日 12.65 元的对望平台),可见上冲动能很大,但是第二天即 2015 年 6 月 13 日量能开始缩量回调,无法冲过左边 2009 年 11 月—2010 年 1 月这两个多月形成的 20 条 K 线聚集的对望控盘平台,接连几天暴跌,便在情理之中,也在圆模式控盘技术之内,6 月 13 日股价以跌停板跳空跌破颈线 D 线,从支撑线又降格为阻力线,可见一线之用的精微之妙。

根据止损点设置的依据:股价下穿支撑线没有有效突破逢低卖出,支撑线的性质没有发生根本变化,仍然是支撑线。这时"支撑点"所对应的位置,视为"止损位"。2015 年 10 月 8 日尾市,000778 新兴铸管差不多以 9.94％的涨停板收盘,股价 7.08 元冲过了 2013 年 12 月 26 日的波段历史颈线 AC 线 6.86 元的位置,使颈线 AC 线升格为支撑线,并出现了维持 8 天左右的小幅反弹,因此在这 8 天时间内都可以截断利润顺利出货。

这样，2015 年 10 月 8 日那一天为"止损日"，位置为"止损位"，地点为"止损点"，如图 6-3 中黑色圆圈指示的"止损点 F"所示。即使没能出货，在 2015 年 11 月 30 日以收盘价 6.82 元低于波段历史颈线 AC 线 6.86 元的那一天，也可以出货，如图 6-3 中的黑色圆圈指示的"出货 G 点"所示。于 11 月 30 日次日接下来的几天时间抓紧出货，至少也可以保住本金，不至于在"出货 G 点"没有出货，后面跌得头破血流、面目全非，那就是固执己见了。从图 6-3 中观察分析，在"出货 G 点"之后，000778 新兴铸管就进入熊市了。

第七章 / 双圆模式实战股谱

　　股市是一个无规则、无秩序、随机变化发展的波动周期运动过程。股市周期是指股票市场长期升势与长期跌势更替出现、不断循环反复的过程，通俗地说，股票上涨下跌的一个循环，即熊市与牛市不断更替的现象。双圆模式股票操作，是一种数学模型，抓住了股市波段的 K 线与成交量的周期性变化特征与规律，提出了突破颈线位为买点，跌破颈线位为卖点，并可以提前预知股价的目标位置与预测成交量的目标位置，研判大盘与个股又快又准确，是广大投资者的操盘利器。

第一节 600547 山东黄金实战股谱

请看图 7-1 是"600547 山东黄金'K 线圆'日线走势 2017 年 4 月 5 日截图"。

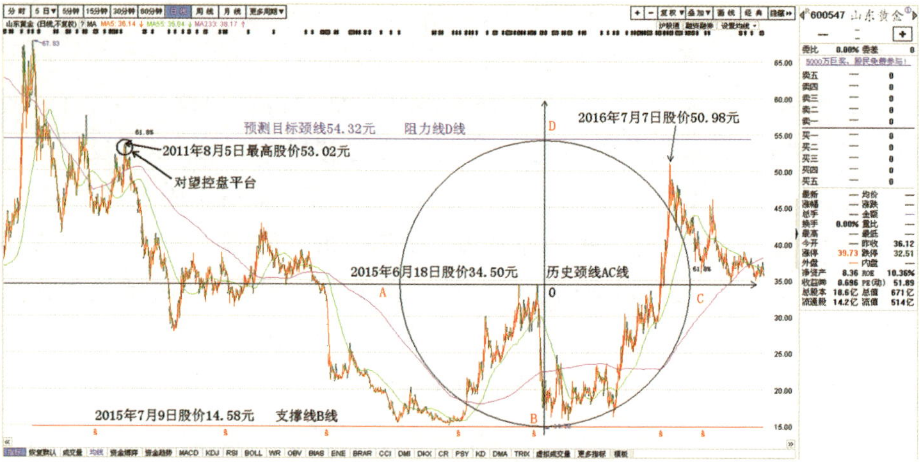

图 7-1 600547 山东黄金"K 线圆"日线走势 2017 年 4 月 5 日截图

600547 山东黄金是 2016 年上半年的一只牛股。在图 7-1 中,600547 山东黄金于 2014 年 11 月 28 日股价以 18.01 元一字涨停板跳空高开,站上 MA233 日黄金均线(相当于年线 250 均线)。第二天又以一根 3.61% 的小阳线跳空高开,离开了 MA233 日黄金均线。横盘整理了 20 天左右,拒绝回调 MA233 日黄金均线。在长达半年多的时间里,震荡小幅攀升,于 2015 年 6 月 18 日爬升到了波段历史最高价 34.50 元。第二天以一条 4.93% 的中阴线向下跳空开始下跌。

用 3 天时间集结了一个空方炮,继续跳空下跌。用 4 天时间跌穿 MA233 日黄金均线,继续下跌。跌穿 MA233 日黄金均线后,在 7 月 2 日—7 日的 4 天时间内,几乎用跌停板探底。特别是 7 月 7 日那一天几乎以一字跌停板跳空寻底。探底成功后,于 7 月 9 日上午 9:36 左右探明底部 14.58 元后,股价在分时图上缓慢攀升,在下午开盘半个小时后,攀升到当天涨停板 17.40 元的位置,主力拉升意图很坚决,再没有打开涨停板。然后在两天时间内,用两个涨停板直接向上跳空高开,打开了上涨的动力空间。

在 2015 年 7 月—2016 年 1 月长达 5 个多月的时间里,几乎都在 MA233 日黄金均线下方吸筹。我的一位朋友是在 MA233 日黄金均线下方,股价进行横盘吸筹的时候,以 15 元左右的价格买进的,很可惜他在股价上穿波段历史颈线 34.50 元的位置获利了结,过早卖掉了。

在 2016 年 2 月 23 日以一根 6.33％的光头光脚的长阳线,并配合长阳柱上冲 MA233 日黄金均线成功后,又经过 4 个多月的小幅攀升,于 6 月 8 日成交量 5 日线上穿 60 日线成功后,小幅放量,表明主力上冲意愿强烈。在 6 月 15 日以 6.57％的光头光脚的长阳线,上冲波段高点 34.50 元后,又经过 4 天的回落整理,在 6 月 22 日、23 日回踩 34.50 元不破后,开启了 12 天的上涨,于 7 月 6 日以带有稍微长一点的上影线的大阳线,跳空向上打开上涨空间,股价达到 47.98 元,涨幅 7.60％。第二天即 7 月 7 日上午 11:00 冲至 50.98 元,量能不足,便冲高回落,K 线在当天收了一个长长的上影线,并带有短尾巴的下影线。紧接着第二条 K 线以 46.12 元低于 7 月 7 日最低收盘价 46.13 元一分钱的价格,报收了一个变盘的十字星,第三天上午 10:30 上冲到 50.75 元,不过股价上冲的最高点为 50.98 元,也没有到达预测目标阻力线 D 线 54.32 元的位置,即预测价格为$(34.40-14.48)+34.40=54.32$(元),与实际 50.98 元,相差 3.34 元,还差一个涨停板的位置,这时正好遭遇 2011 年 8 月 5 日左边的对望控盘平台的最高股价 53.02 元。不过股价从 2016 年 7 月 8 日回落整理调整开始,到 2017 年 4 月 5 日截图为止,股价一直在整理调整之中。但还是基本完成了一个 K 线圆周期运动,历时一年多。

查东方财富炒股软件 600547 山东黄金的 F10 资料,在 2014 年 5 月—6 月,600547 山东黄金的筹码集中在 15—17 元左右。如图 7-2 中所示右下方的"筹码集中区",与 K 线走势中的"矩形方框"相对应。在 2015 月 7 月—2016 年 1 月,600547 山东黄金在长达 5 个多月的时间里,几乎都在 MA233 日黄金均线下方吸筹。

我们查找这段时间 600547 山东黄金的十大股东,竟发现社保、证金、汇金等超级主力入驻该股:在 2015 年第三季度,全国社保基金(简称"社保")102 组合以 9671514 股,占股比例 0.68％,入驻该股,成为第七大股东。中国证券金融股份有限公司,持有 30828418 股,比例 2.17％,成为第二大股东。中央汇金投资有限责任公司(简称"汇金"),持有 18363000 股,比例 1.29％,成为第三大股东。

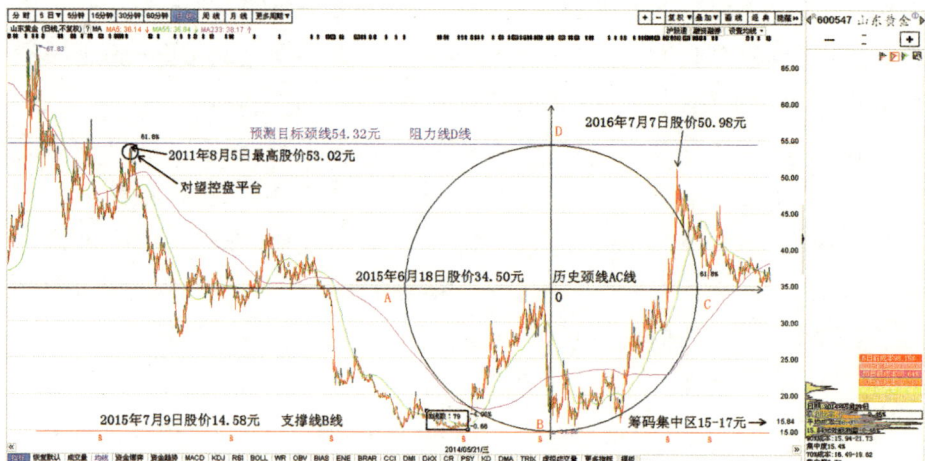

图 7-2　600547 山东黄金"K 线圆"日线走势 2017 年 4 月 5 日截图

在 2015 年第四季度,中央汇金持股比例不变,仍为第三大股东。全国社保基金 102 组合,加仓 5999923 股,持股比例 1.10％,变动比例 62.04％,一下从第七大股东跃变为第五大股东。全国社保基金 108 组合,以持有 18999717 股,快速进驻,替代证金成为第二大股东。证金暂时退出十大股东之列。

在 2016 年第一季度,全国社保基金 108 组合,加仓 4499836 股,持股比例 1.65％,变动幅度 23.68％,继续维持第二大股东的地位。同时,全国社保基金又有 401、414 两只组合,分别以持股比例 1.18％、0.91％,新进入驻,成为第五与第七大股东。中央汇金持股比例不变,仍维持第三大股东。

在 2016 年第二季度,有五大主力机构:中央汇金持股比例 1.29％一直没变,但为第二大股东。还有社保的 414、401、413、108 组合而成的四大主力:社保 414 组合,加仓 399850 股,变动幅度 30.77％,共持有 16999722 股,为第三大股东。社保 401 组合,减持—800000 股,变动幅度 —4.76％,共持有 16000000 股,为第六大股东。社保 413 组合,以 11507468 股,新入驻,为第八大股东。社保 108 组合,大幅度减持,减持股数为—13500000 股,变动比例为—57.45％,一下子从 2016 年第一季度第二大股东的地位,退居为第九大股东。对比社保的这四个主力组合发现,414 组合加仓,413 组合新入驻,401、108 两只组合大幅减持,尤其是 108 组合,减持比例竟高达－57.45％。从十大股东名单的持股减持,可以发现从 2016 年第三季度开始,即 7 月份开始应该止损,卖出该股。可见 600547 山东黄金在 2016 年 6 月底,股价已经涨幅过大。

在 2016 年第三季度,全国社保基金 401、414 组合大幅减仓,减持比例分别为－25％、－20.59％,留驻 108 组合常守。在 2016 年第四季度,社保 4 只组合,退出 600547 山东黄金十大股东名单。到 2017 年 4 月 5 日截图 600547 山东黄金当天,中央汇金以持股 0.99％一直常驻该股,以维持中国黄金市场的变化震荡,保证中国经济的正常运行。这与筹码分布与转移操作、双圆模式股票操作以及其他操盘模式预判的出货点、出货位基本是相一致的。

对照图 7-1 与图 7-2 分析,观察 600547 山东黄金的日线走势,如果以 2015 年 7 月 9 日探明的底部 14.58 元开始算起,到 2016 年 7 月 7 日上冲的最高价 50.98 元上涨趋势结束,在一年多的时间里,由于证金、汇金、社保超级主力的进驻、入驻,该股涨势惊人,幅度可达 249.66％,成了 2016 年上半年的十大牛股之一。

请看图 7-3 是"600547 山东黄金周线走势 2017 年 4 月 5 日截图"。

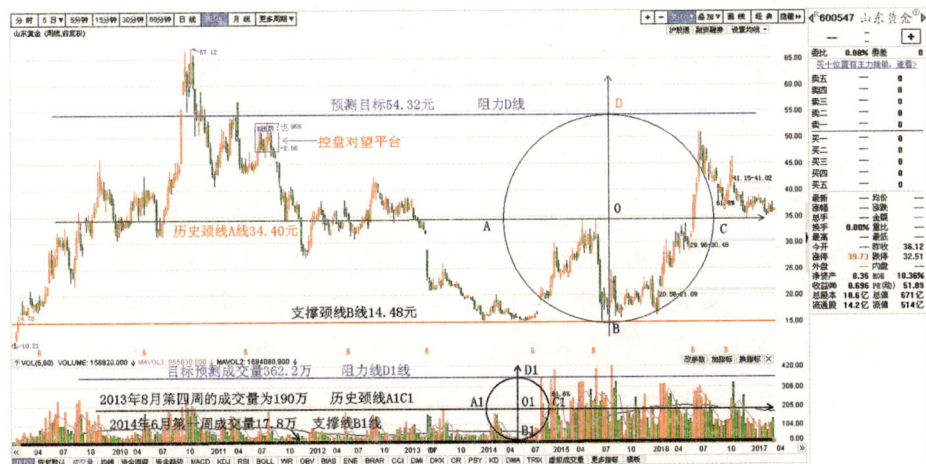

图 7-3　600547 山东黄金周线走势 2017 年 4 月 5 日截图

在图 7-3 中,600547 山东黄金在 2015 年 6 月 14 日—2016 年 7 月 8 日一年多的时间走势中,K 线与成交量分别完成了一个 K 线圆周期运动与一个成交量圆周期运动。

在图 7-3 中,K 线圆周期运动是从 2015 年 6 月 22 日开始周线波段凹陷,在 3 周时间里利用长长的 K 线洗盘,清洗筹码,特别是第 3 周股价在 K 线的下方,留下了很长的下影线,探明了底部在 14.48 元,也表明多方很强大。但是主力没有急于拉升,而是用 28 周时间,即在半年多的时间内,震荡横盘低位吸筹。于 2016 年 2 月初第一周才开始决定拉升,第二周放出 1 倍多的量,跳空上涨,留下了区间缺口(20.56 元,21.09 元),并制造产生了一条 21.09 元的缺口平衡线,股价得到强烈支撑,紧接着连续 4 周,差不多放出 3 倍的成交量,第一次加速拉升,离开底部。第 5 周之后,即 3 月—5 月底用 3 个月的时间,开始第一次缩量减速震荡攀升。到 5 月底缩量到最低点,以带有上下影线的小阴 K 线收市。然后在 6 月第 1 周又以一条更小的带有上下影线的小阴 K 线探底,接着第二周跳空上涨,留下了区间缺口(29.96 元,30.48 元),并制造产生了一条 30.48 元的缺口平衡线,股价得到强烈支撑,紧接着连续四周,差不多放出 2 倍多的成交量,第 2 次加速拉升,在第 4 周即 7 月上旬收盘之际,周线收了一条带有长长的上影线的长阳 K 线,且带有很短的下影线,股价达到波段最高价 50.98 元,成交量虽然放大,但是没有超过前面的 2015 年 8 月中旬的历史成交量 420 万,放量不过前头,股价下跌,一直跌至 2017 年 4 月 5 日截图当天也还在跌。当然追溯历史,一直可追溯到 2011 年 7—8 月 2 个月形成的 6 周的控盘对望平台,如图 7-3"矩形方框"所示。根据控盘对望平台理论,遇左边历史对应的控盘对望平台,股价应该相应遇阻力下跌。

在图 7-3 中,已经给出了 2013 年 7 月—2015 年 6 月另一个波段的成交量圆的周期变化运动。观察图中"第二栏成交量 VOL"所画出的成交量圆。但是没有给出相应的 K 线圆的周期变化运动。有兴趣的读者,请你在图 7-3 中画出这个波段 K 线圆。

一位同事 7 元左右买的股票，很可惜他在 000980 众泰汽车（原名叫"金马股份"，在 2017 年 6 月 7 日更名为"众泰汽车"）主力进行拉升高歌猛进的时候，过早地在 10.7 元就卖掉了。

请看图 7-4 是"000980 众泰汽车周线走势 2017 年 6 月 16 日截图"。

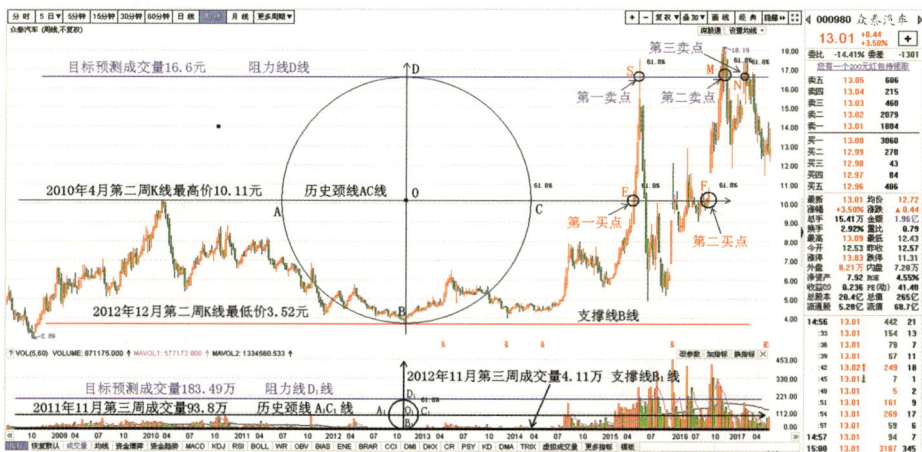

图 7-4　000980 众泰汽车周线走势 2017 年 6 月 16 日截图

在图 7-4 中，000980 金马股份自从 2009 年 5 月 10 日以来，共经历了一个完整的基本周期运动变化，包括一个 K 线圆 O 周期运动与一个成交量圆 O_1 周期运动。

在 K 线圆 O 的周期运动变化中，2010 年 4 月第 2 周 K 线达到历史最高价 10.11 元，如图 7-4 中的历史颈线 AC 所示，上冲该线都是买点。2015 年 5 月 15 日第 2 周，股价上冲颈线 AC，3 天没破，上升为支撑线。股价得到强烈支撑，一路攀升。又经过 3 周的放量，大阳 K 线拉升，于 2015 年 5 月中旬左右，上冲到历史最高价 17.51 元。跃过阻力 D 线 16.6 元，股价受到强烈的阻力打压，便开始回落。一直到 2017 年 4 月 5 日截图，有 2 次冲过 K 线的历史颈线 10.11 元，如图 7-4 的第一买点 E 点、第二买点 F 点所示，用"黑色圆圈"表示。有 3 次冲过目标预测的阻力 D

线,即目标价格为(10.11－3.62)＋10.11＝16.6(元),如图 7-4 的第一卖点 S 点、第二卖点 M 点、第三卖点 N 点用箭头所示,用"黑色圆圈"表示。

在成交量圆 O_1 的周期运动变化中,2011 年 11 月第三周历史成交量为 93.8 万,产生颈线支撑 A_1C_1 线,2012 年 11 月第三周最低成交量 4.11 万,目标预测的成交量为(93.8－4.11)＋93.8＝183.49(万),即阻力 D_1 线。在 K 线圆完成周期运动的变化中,成交量圆相应地也完成了一个周期性运动,如图 7-4"第二栏成交量 VOL"所示。当成交量的量柱放大,上冲阻力线 D_1 线;股价相应地也上冲 K 线圆的阻力线 D 线,一旦冲过,卖点成立。因此,在图 7-4 中 S 点、M 点、N 点 3 点均视为卖点。

第三节 300304 云意电气实战股谱

请看图 7-5 是"300304 云意电气日线走势 2017 年 4 月 13 日截图"。

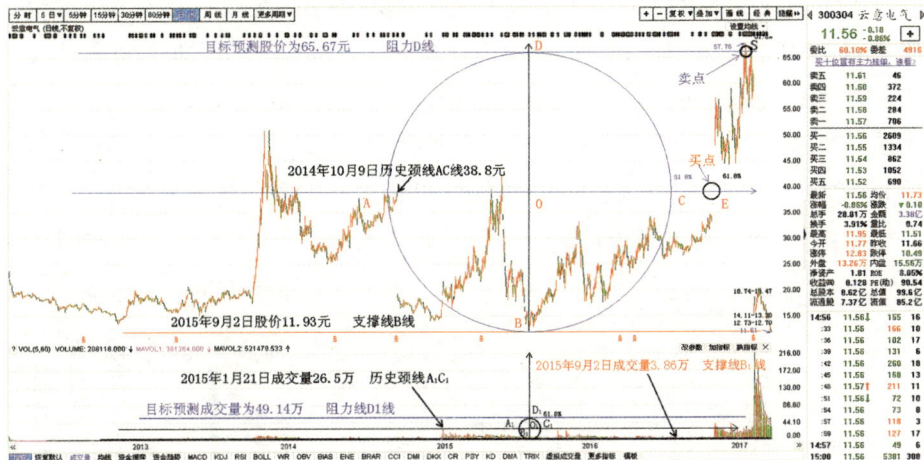

图 7-5 300304 云意电气日线走势 2017 年 4 月 13 日截图

在图 7-5 的日线走势中,存在一个波段区间(11.93 元,67.76 元)。2014 年 10 月 9 日股价 38.8 元,为波段历史颈线位 AC。2015 年 9 月 2 日股价达到历史最低价 11.93 元,为波段支撑 B 线。根据这 2 个股价就可以建立一个 K 线圆了。如图 7-5 中的 K 线圆 O 所示。K 线圆的股价目标预测最高价为(38.8－11.93)＋38.8＝65.67(元),即阻力 D 线。从 2014 年 10 月 14 日至 2016 年 7 月 3 日,股价始终在 K 线圆 O 内运动。7 月 4 日才开始离开 K 线圆 O 做离心运动,开启了上涨之旅。7 月 5 日股价收盘价为 31.55 元,7 月 6 日为 31.36 元,股价上涨的运行时间为 31.55÷(31.55—31.36)＝57.4(天)。11 月 23 日之后,股价连续 4 天一字板跳空涨停,突破颈线 AC 线 38.8 元的位置,是 E 点,为买点,如图 7-5 "黑色圆圈"所示。11 月 28 日放出近期历史天量,并收一根涨幅为 6.77％的大阳线,创出历史新高 57.07 元。在随后的 60 多天里,股价震荡小幅攀升,直到 2017 年 2 月 14 日股价上冲阻力 D 线 65.67 元的阻力位成功后,创造了最高新价 67.76 元。目标价 65.67 元,与实际运行最高价 67.76 元,相差 2.09 元。2 月 15 日遇阻力 D 线回落下滑,即使在 4 月 13 日截图当天,也还在下跌。

在图 7-5"第二栏成交量 VOL"的日线走势中,2015 年 1 月 21 日波段历史成交量达到 26.5 万,即历史颈线 A_1C_1,2015 年 9 月 2 日波段历史成交量最低达到 3.86 万,根据这 2 个成交量就可以建立 1 个成交量圆。如图 7-5 中的成交量圆 O_1 所示。而且还可以计算出,波段目标预测的最高成交量为 49.14 万,即(26.5-3.86)+26.5=49.14(万),即平衡阻力 D_1 线。遇此线,逢高必出,要小心减仓。图 7-5 表明 2017 年 2 月 15 日的 K 线跌破此 D 线后,成为阻力线,S 点卖点确认成立。同时,当天收了一条长长的大阴线与一个长阴柱,提醒各位投资者,出货的日子来临了。

请看图 7-6 是"300304 云意电气月线走势 2017 年 4 月 13 日截图"。

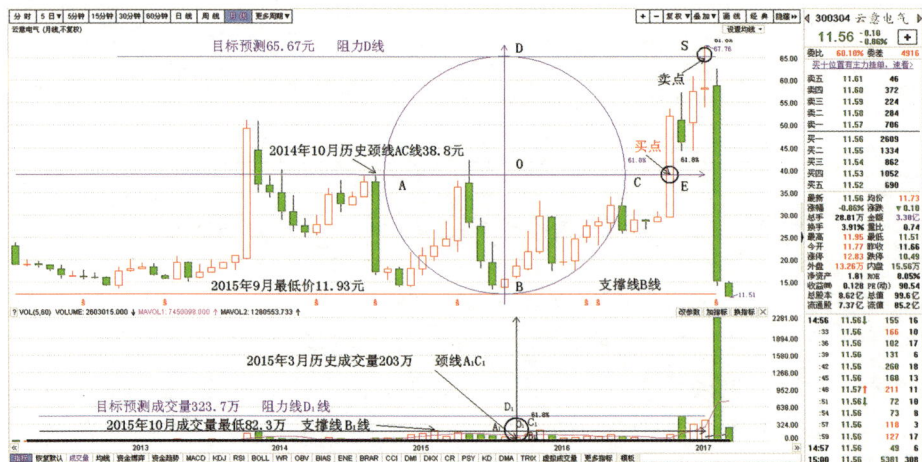

图 7-6　300304 云意电气月线走势 2017 年 4 月 13 日截图

在图 7-6 的月线走势中,2014 年 10 月股价达到波段最高价 38.8 元,2015 年 9 月股价达到历史最低价 11.93 元,根据这 2 个股价就可以建立一个 K 线圆了。如图 7-6 中的 K 线圆 O 所示。2016 年 11 月的月 K 线与波段颈线 AC 线 38.8 元的交点为 E 点,是买点。股价目标预测 K 线圆的最高价为(38.8-11.93)+38.8=65.67(元),与 2 月 K 线的最高价 67.76 元,相差 2.09 元,即阻力 D 线。当股价上穿过平衡阻力 D 线,为止盈点,提醒各位投资者要止盈,截断利润。2017 年 2 月的月 K 线,冲过了阻力 D 线,交点为 S 点,卖点出现。如果下一条 K 线跌穿该阻力 D 线,那么卖点确立。如图 7-6 的"黑色圆圈"所示。因此,3 月份以出货为主,不建议买进此股票。

在图 7-6 的"第二栏成交量 VOL",2015 年 3 月波段历史成交量达到 203 万,即历史颈线 A_1C_1,2015 年 10 月波段历史成交量最低达到 82.3 万,根据这 2 个成交量就可以建立 1 个成交量圆了。如图 7-6 中的成交量圆 O_1 所示。而且还可以计算出,波段目标预测的最高成交量为 323.7 万,即(203－82.3)＋203＝323.7(万),即平衡阻力 D_1 线。遇此线,逢高必出,要小心减仓。图 7-6 表明 2017 年 3 月的 K 线与量柱是长长的大阴线与长阴柱,出货与减仓是正确的选择。

第四节 600577 精达股份实战股谱

请看图 7-7 是"600577 精达股份月线走势 2017 年 4 月 13 日截图"。

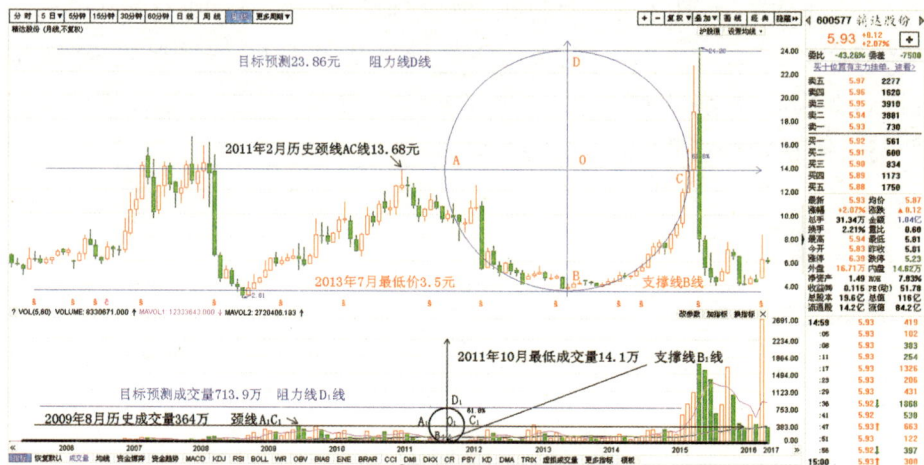

图 7-7 600577 精达股份月线走势 2017 年 4 月 13 日截图

在图 7-7 中,600577 精达股份在波段(3.5 元,24.2 元)形成了一个 K
线圆周期变化运动。股价从 2008 年 10 月的历史最低价 2.81 元,以一条
带有下影线的小阴 K 线探底回升后,经过 28 个月的震荡攀升,于 2011 年
2 月以一条带有长长上影线的小阳线上冲左边对望平台,且动能不足股
价回落,历史的变化是重复的,正好下跌 28 个月,又回到历史最低价
2.81 元附近,3.6 元止跌。次月即 2013 年 7 月以 3.5 元探底后,形成底
部颈线,随着成交量的放大,股价逐步走高。2014 年 8 月成交量走势线,
5 月上穿 60 月成交量走势线,形成金叉,提示可以买入。4 个月后,K 线
的 5 月均线上穿 55 月均线形成金叉,也提示可以买入。接着几个月成交
量急剧放大,量升价涨,2015 年 6 月股价以 24.20 元上冲目标阻力 D 线
不过 23.86 元,月 K 线上方留下了长长的上影线,表示空方抛压太大,终
于结束了 23 个多月的上涨行情。

在图 7-7 的工具栏"成交量 VOL"中,600577 精达股份在相应波段
(14.1 万,364 万)内,成交量也形成了一个圆周期变化运动。2009 年 8

月成交量在波段运行区间内达到历史最高量 364 万,如图中颈线 A_1C_1 线所示。2011 年 10 月成交量达到历史最低量 14.1 万,如图中 B_1 点。2014 后 8 月、5 月成交量走势线首先上穿 60 月成交量走势线,形成金叉,表明股价上涨意愿强烈,接着成交量开始温和放量,8 个月就达到了目标预测成交量阻力颈线 D_1 线 713.9 万的位置。第 9 个月在成交量阻力 D_1 线 713.9 万目标位与月 K 线阻力 D 线 23.86 元目标位的双重阻力下,于第 10 个月即 2015 年 6 月股价上冲到最高价 24.20 元回落,开始下跌下滑,与实际只相差 0.34 元。在截图当月才开始止跌反弹。

请看图 7-8 是"600577 精达股份周线走势 2017 年 4 月 13 日截图"。

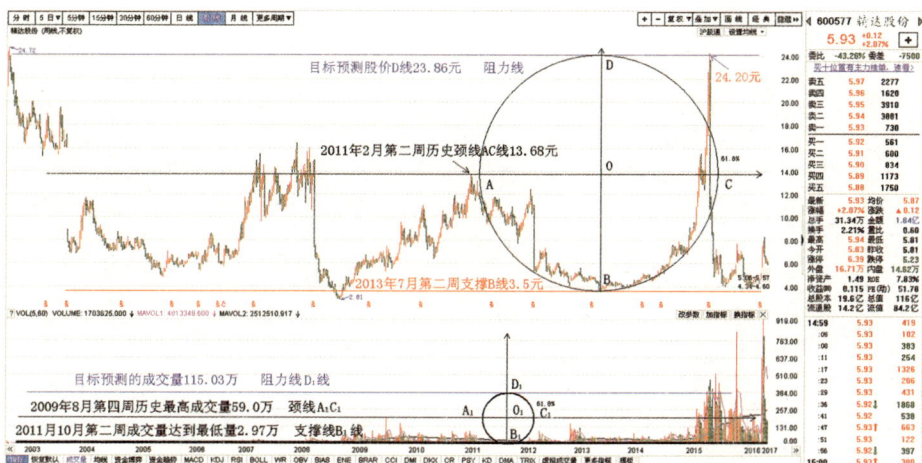

图 7-8 600577 精达股份周线走势 2017 年 4 月 13 日截图

在图 7-8 中,600577 精达股份在 2017 年 4 月 13 日截图的周线走势中,形成了 K 线股价与成交量 2 个圆周的周期变化运动。

在 K 线圆周的周期变化运动中,2011 年 2 月第 2 周股价达到波段最高价 13.68 元,为图 7-8 中的"历史颈线 AC 线"。2013 年 7 月第 2 周股价达到波段最低价 3.5(元),为图 7-8 中的"支撑 B 线"。由 K 线波段(3.5 元,13.68 元)形成了一个 K 线圆周,其预测的股价目标为(13.68−3.5)+13.68=23.86 元,为图 7-8 中的"阻力 D 线",与实际波段最高价 24.20 元,只相差 0.34 元。

分析观察图 7-8 工具栏第二栏"成交量 VOL"。在成交量的圆周期变化运动中,2009 年 8 月第四周成交量达到历史最高量 59.0 万,为图 7-

8中的"颈线 A_1C_1 线"。2011月10月第2周成交量达到最低量2.97万，如图7-8中 B_1 点所示。由成交量波段(2.97万,59.0万)形成了1个成交量圆周,其预测的成交量目标为(59.0－2.97)＋59.0＝115.03(万),为图7-8中的"阻力 D_1 线"。

这是一位征战股市多年的老股民推荐给我的一只股票。

请看图 7-9 是"002407 多氟多周线走势 2017 年 4 月 13 日截图"。

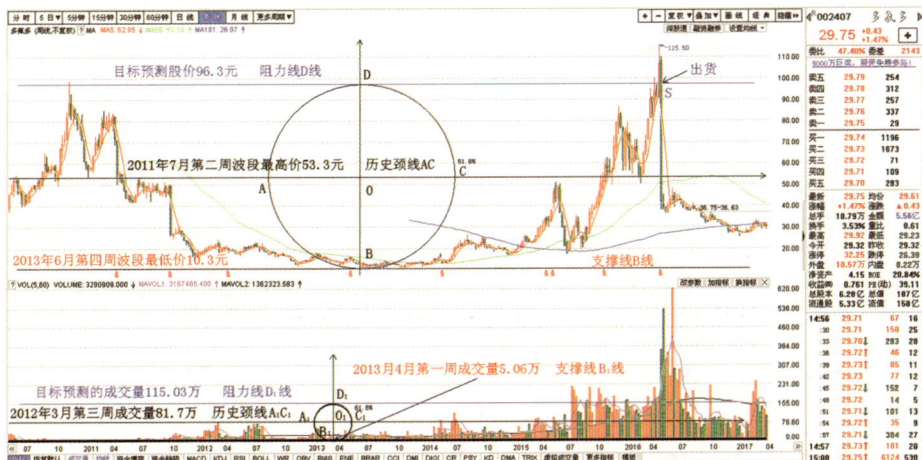

图 7-9　002407 多氟多周线走势 2017 年 4 月 13 日截图

在图 7-9 中,002407 多氟多在 2011 年 7 月—2013 年 7 月的股价形成了一个波段区间(10.30 元,53.30 元),从而产生了一个 K 线圆周期运动。从图 7-9 中的 K 线圆 O 分析,2011 年 7 月第 2 周股价出现了波段历史最高价 53.30 元,产生了一条历史颈线 AC。2013 年 6 月第 4 周股价出现了波段历史最低价 10.30 元,产生了一条支撑线 B 线。目标预测的股价为(53.30－10.30)＋53.30＝96.30(元),产生了一条虚拟的阻力线 D 线。自从 2013 年 10 月国庆节结束后,股价离开了 K 线圆的束缚,做离心运动。2014 年 2 月初,股价上穿过均线 MA55 周线,开启了上涨行情。在国家发展新能源政策的刺激下,002407 多氟多作为锂电池的龙头老大,不甘落后,这波上涨趋势持续了 3 年之久,经过几波震荡攀升,于 2016 年 5 月初股价创了历史新高,达到 115.50 元,与目标价位 96.30 元,只相差 19.20 元。

同时,在图 7-9 中,成交量相应地形成了一个波段区间(5.06 万,81.7

万),产生了一个成交量圆周期运动。从图 7-9 中的成交量圆 O_1 分析,2012 年 3 月第 3 周成交量达到历史最高量 81.7 万,产生了一条历史颈线 A_1C_1。2013 月 4 月第一周成交量达到历史最低量 5.06 万,产生了一条支撑线 B_1 线。目标预测的成交量为 115.03 万,产生了一条阻力线 D_1 线。2016 年 5 月第 2 周成交量急剧放大,370 万成为历史最高量,而且股价也创造了历史新高的天价 115.50 元,高位放天量,是出货的警示信号。所以,5 月第 2 周主力紧急撤退,成交量又释放出 535 万,基本上出货完毕。如图中"蓝色箭头"所指示的 S 点——出货点。如果你不跟随主力出货撤退,赚取的全部利润就会被掏空,甚至有可能被深套。因为 5 月 13 日星期五收盘结束,002407 多氟多一周(5 月 9 日—13 日)跌幅竟达 61.05%,可谓惨烈。

请看图 7-10 是"002407 多氟多日线走势 2017 年 4 月 13 日截图"。

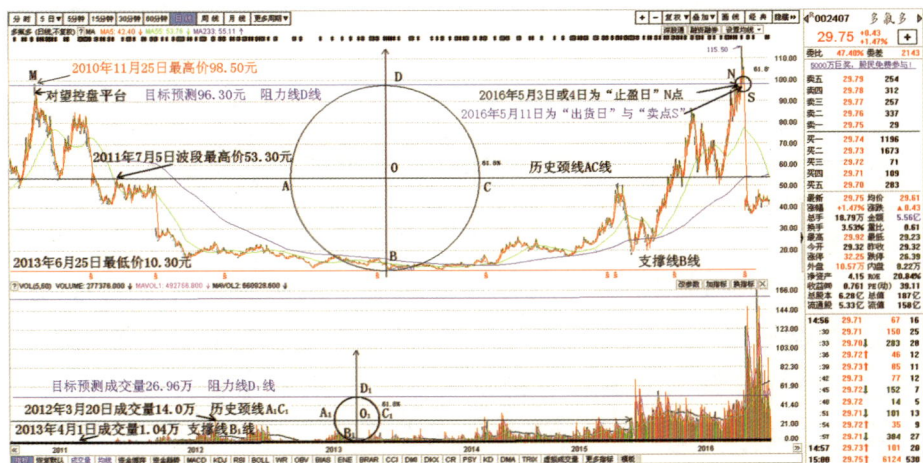

图 7-10　002407 多氟多日线走势 2017 年 4 月 13 日截图

图 7-10 中,002407 多氟多在 2011 年 7 月—2013 年 7 月的日线走势上,股价形成了一个波段区间(10.30 元,53.30 元),产生了一个 K 线圆日线周期运动。

在图 7-10 中,成交量相应地形成了一个波段区间(1.04 万,14.0 万),产生了一个成交量圆日线周期运动。从图 7-10 中的成交量圆 O_1 分析,2012 年 3 月 20 日成交量达到历史最高量 14.0 万,产生了一条历史颈线 A_1C_1。2013 月 4 月 1 日成交量达到历史最低量 1.04 万,产生了一条支撑线 B₁ 线。目标预测的成交量为（14.0－1.04）＋14.0＝26.96（万元），产生了一条阻力线 D₁ 线。2016 年 5 月 3 日股价冲过 96.30 元的阻力线 D 线后，最高价达到 100.72 元，收盘价为 99.00 元。股价已经上冲过 2010 年 11 月 25 日的"对望控盘平台"最高价 98.50 元，如图 7-10 中的箭头标示的 M 点所示。

2016 年 5 月 4 日虽然没有继续创新高，股价最高价为 100.55 元，收盘价为 100.10 元，但是已经把 96.30 元的阻力线 D 线升级为支撑线。根据股价过"对望控盘平台"，遇阻力回落调整。又根据双圆模式操盘纪律——过阻力线出现买点，就止盈。5 月 3 日没有作为止盈日，5 月 4 日必须作为止盈日，应该果断止盈截断利润。如图 7-10 中所指示的"N点"。否则，赚取的利润就会丧失殆尽。5 月 4 日之后两天，股价继续创新高：5 月 5 日创造了历史新高，股价达到 108.80 元；5 月 6 日又创造了历史新高，股价达到 115.50 元。5 月 9 日股价开始回落，收盘价为 105.72 元。5 月 10 日股价最低探到了 99.57 元，已经触摸到了阻力线 D 线 96.30 元的位置。如果股价在阻力线 D 线 96.30 元的位置，不能止跌，跌穿阻力线 D 线，就是出货日。5 月 11 日股价最低价为 98.00 元，跌破了 2010 年 11 月 25 日最高价 98.50 元的"对望控盘平台"，如图 7-10 中所指示的"M 点"。因此，卖点基本确认成立，即图 7-10 中所指示的"S 点"。同时，这一天成交量放出历史巨量 37 万，也是出货的强烈警示信号。5 月 12 日出现重大利好消息：每 10 股派息 1.50 元，并每 10 股送 15 股。高位利好是利空，从这一天股价高空破位急剧暴跌，并放出历史 125 万的天量飞流直下，一直到 2017 年 4 月 13 日收盘截图，股价还在下跌。如果没有在 5 月 11 日那一天学会止损，利润就会输个精光，一夜之间成为穷光蛋。

第六节 600275 武昌鱼实战股谱

请看图 7-11 是"600275 武昌鱼日线走势 2017 年 4 月 20 日截图"。

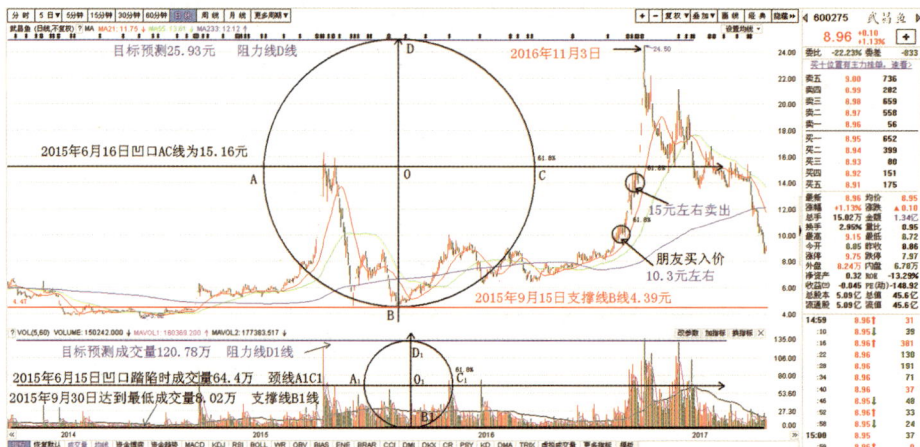

图 7-11 600275 武昌鱼日线走势 2017 年 4 月 20 日截图

600275 武昌鱼,我湖北武汉的一位叫"雪"的微信朋友,在 10.3 元左右买入。在 2016 年 10 月 24 日那一天,突破 15.16 元的凹口后,一发不可收,好像磁悬浮一样,跳空连拉 5 个涨停板,于 11 月 3 日达到了历史最高价 24.50 元。如果从启动的最低价 3.62 元开始算起,涨幅可达 576.8%。

在图 7-11 中,股价在波段区间(4.39 元,15.16 元)形成了一个 K 线圆 O 的周期运动。2015 年 6 月 16 日凹口开始从 15.16 元塌陷,形成颈线 AC 线。经过 3 个月的向下滑行,2015 年 9 月 15 日股价跳空以小阴线向下探底,达到最低价为 4.39 元,如图中的支撑线 B 线所示。2016 年 5 月 10 日股价离开 K 线圆 O,做逃离圆心运动,经过 6 个月的小幅攀升,形成了一个 5 日、55 日、233 日三条均线金叉的日线三角托,简称"日托"。"日托",相当于楼房建筑的基础,股价于 7 月 20 日稳稳地站在了 MA233 日均线之上,随后在成交量温和放量下,产生了一波上涨行情。于 2016 年 10 月 24 日那一天,股价突破了 15.16 元凹口颈线 AC 的位置,于次日即 10 月 25 日开始,跳空出现了连拉 5 个涨停板。第六日即 2016 年 11 月 3 日成交量放出 135 万的天量,股价也创出了历史新高 24.50 元的价格。与目标预测的价格 25.93 元,只相差 1.43 元,并产生了阻力线 D 线。在强大阻力压力下,第二天即 11 月 4 日股价开始下滑。

在图 7-11 中,成交量在波段区间(8.02 万,64.4 万)形成了一个成交量圆 O_1 的周期运动。2015 年 6 月 15 日凹口塌陷时的成交量为 64.4 万,如图 7-11 中的颈线 A_1C_1 所示。2015 年 9 月 30 日达到最低成交量 8.02 万,如图 7-11 中支撑线 B_1 线所示。目标预测成交量为(64.4 − 8.02)+64.4=120.78(万),如图 7-11 中阻力线 D_1 线所示。在 2016 年 11 月 3 日股价创出天价 24.50 元的那一天,成交量急剧放大,放出 135 万的历史天量。天量天价的警示作用是提醒股价要开跌了。次日,即从 11 月 4 日那一天开始股价便下跌。

第七节　002349 精华制药实战股谱

请看图 7-12 是"002349 精华制药月线走势 2017 年 4 月 20 日截图"。

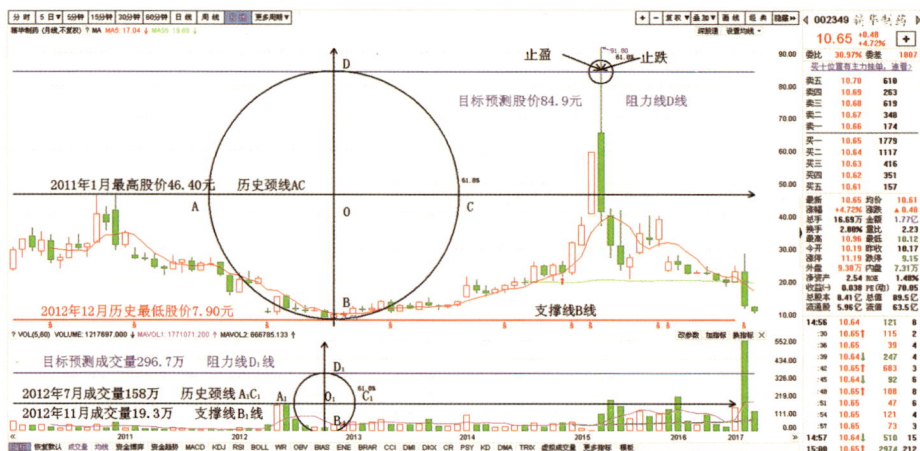

图 7-12　002349 精华制药月线走势 2017 年 4 月 20 日截图

在图 7-12 中,002349 精华制药自从 2010 年 2 月上市以来,股价在波段区间(7.90 元,46.40 元)出现了一个 K 线圆 O 周期运动,成交量在波段区间(19.3 万,158 万)也出现了一个量柱圆 O_1 周期运动。

在图 7-12 中,002349 精华制药的股价在 2011 年 1 月达到历史最高价 46.40 元,如历史颈线 AC 所示。在 2012 年 12 月股价达到了历史最低股价 7.90 元,如图 7-12 中支撑线 B 线所示。目标预测股价为(46.40－7.90)＋46.40＝84.90(元),如图 7-12 中阻力线 D 线所示。2013 年 6 月底,股价离开 K 线圆 O,做离心运动,经过长达 22 个月的上涨行情。于 2015 年 6 月股价上冲过阻力线 D 线后,创造了历史新高,最高达到 91.80 元。根据圆模式操作,股价应该在 6 月上冲 84.90 元后的那一时刻,就要止盈,截断利润。在 6 月跌破 84.90 元后的那一时刻,就要止损,防止利润流失。如图 7-12 中的"黑色圆圈"箭头指示。

在图 7-12 中,002349 精华制药的成交量在 2012 年 7 月成交量 158 万,如图 7-12 中历史颈线 A_1C_1 所示。在 2012 年 11 月成交量为 19.3

万,如图 7-12 中支撑线 B_1 线所示。目标预测成交量为$(158-19.3)+$ $158=296.7$(万),如图 7-12 中阻力线 D_1 线所示。2015 年 6 月成交量为 102 万,低于 2012 年 7 月的历史成交量 158 万,虽然成交量没有放大,但股价已经上穿过 84.90 元的"天花板"价格,提示股价马上就会出现回落。2015 年 7 月成交量开始放大,且为 186 万,股价下滑回调,一直到 2017 年 4 月 20 日截图当天,股价还是一直在下滑下跌。

请看图 7-13 是"002349 精华制药周线走势 2017 年 4 月 21 日截图"。

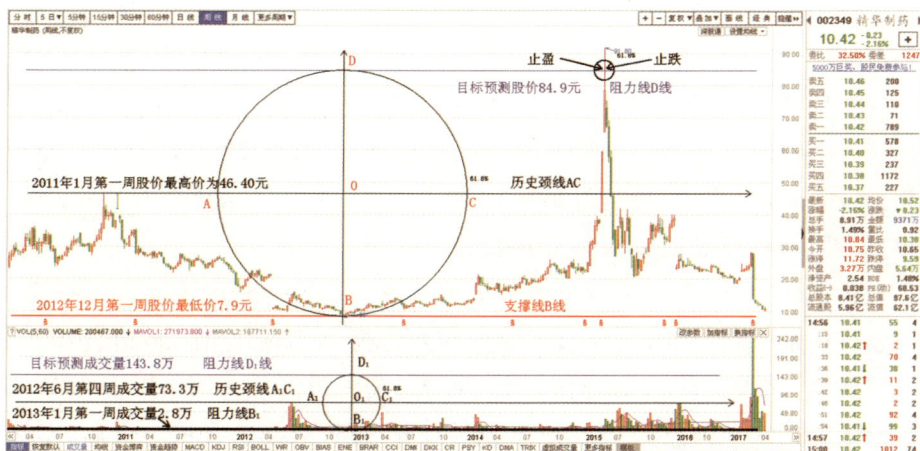

图 7-13　002349 精华制药周线走势 2017 年 4 月 21 日截图

在图 7-13 中,002349 精华制药自从 2010 年 2 月上市以来,股价在波段区间(7.90 元,46.40 元)出现了一个 K 线圆 O 周期运动,成交量在波段区间(2.8 万,73.3 万)也出现了一个量柱圆 O_1 周期运动。

在图 7-13 中的 K 线圆 O 中,2011 年 1 月第 1 周股价达到了最高价 46.40 元,如图中历史颈线 AC 所示。2012 年 12 月第 1 周股价达到了最低价 7.90 元,如图中支撑线 B 线所示。目标预测股价为$(46.40-7.90)$ $+46.40=84.90$(元),如图中阻力线 D 线所示。

在图 7-13 中的成交量圆 O_1 中,2012 年 6 月第 4 周成交量最高为 73.3 万,如图中历史颈线 A_1C_1 所示。2013 年 1 月第 1 周成交量最低为 2.8 万,阻力线 B_1,如图中支撑线 B_1 线所示。目标预测成交量$(73.3-$ $2.8)+73.3=143.8$(万),如图中阻力线 D_1 线所示。

第八节　000877 天山股份实战股谱

000877 天山股份，这是我分析 2017 年"一带一路"经济主题后，主动选择买入的第一只"一带一路"股票。

"一带一路"是 2017 年的大主题。

自 2013 年 9 月"一带一路"战略提出后，"一带一路"建设从无到有、由点及面，进度和成果都超出预期。

2017 年 5 月在北京举行"一带一路"国际合作高峰论坛，此论坛是"一带一路"倡议提出以来最高规格的论坛活动，有近 20 位各国领导人与会，亚洲、欧洲、非洲、拉美等地区都有代表，体现了国际社会对高峰论坛和"一带一路"建设的重视和支持。

我们认为 2017 年应该更为积极地看待"一带一路"的主题投资机会。首先，"一带一路"战略已经有了成熟的合作模式（双边合作、多边合作、论坛与展会）和丰富的成功合作经验；其次，人民币加入 SDR 以及 PPP 模式成熟后拓展至海外，这也均有利于"一带一路"的深入发展。最后，不能不重视的是，"一带一路"在未来的战略地位将进一步提升，一方面特朗普目前明确表现出逆全球化的政策倾向，"一带一路"可以将中国与沿线国家更为紧密地联系起来，应对逆全球化；另一方面，"一带一路"可以引领基建等相关产业走出去，有效支持经济增长。

目前，我们依旧看好"一带一路"主题在未来一段时间的表现，无论是从国内环境还是国际局势来看，"一带一路"战略都处在一个黄金时期。随着"一带一路"战略往纵深发展，中国与"一带一路"沿线国家的经济往来合作将更加密切，这意味着参与其中的中国企业将进一步受益。

具体来看，"一带一路"应该关注两个产业和三个区域。

一个产业是"一带一路"基建链，最主要的是海外工程、建材、机械设备、交运。这些企业已经进入了"一带一路"战略带来的业绩兑现期，主要公司有：

海外工程：北方国际（000065）、中工国际（002051）、中钢国际（000928）等。

建材：天山股份（000877）、青松建化（600425）、宁夏建材（600449）、祁连山（600720）、金圆股份（000546）等。

机械设备：徐工机械（000425）、柳工（000528）、三一重工（600031）、达刚路机（300103）等。

交运：中远海特（600428）、连云港（601008）、宁波港（601018）等。

第二个产业是优势产能输出链，比如高铁、通信设备、电力设备等，主要公司有：

高铁：中国中车（601766）、晋西车轴（600495）、康尼机电（603111）等。

通信设备：中兴通讯（000063）、烽火通信（600498）、亨通光电（600487）、中天科技（600522）等。

电力设备：特变电工（600089）、中国西电（601179）、平高电气（600312）、金风科技（002202）、思源电气（002028）等。

三个区域：新疆、厦门、西安。

新疆："一带一路"向西合作的重要枢纽，连接中亚。2017年新疆大力发展基建，根据2017年新疆政府工作报告和交运工作会议，新疆2017年的铁路、公路和机场建设投资目标分别达347亿元、2000亿元和143.5亿元，交通基建上的总投资将近2500亿元，同比增长达600%。这对于区域内的建筑、建材相关公司形成业绩上的大幅利好。

除了发力基建外，新疆还将大力推进混改。在新疆维吾尔自治区第十二届人民代表大会第五次会议上，自治区雪克来提扎主席提出，新疆深化改革激发活力，以混合所有制改革为突破口，大力推进国企国资改革。混改带来的改革提速预期也进一步提升新疆本地股的估值水平。

新疆本地股，我认为除了关注龙头天山股份、青松建化外，其他公司也还有表现机会，如西部建设（002302）、北新路桥（002307）、新疆城建（600545）、新疆浩源（002700）、中粮屯河（600737）等。

厦门：海上丝绸之路的核心，连接东南亚。福建是21世纪海上丝绸之路的核心，而厦门自贸区在福建省又扮演着对外开放的关键角色，在未来"一带一路"战略中将继续承担重要角色的主要公司有：厦门港务（000905）、厦门国贸（600755）、厦门空港（600897）、厦工股份（600815）、建发股份（600153）等。

西安：西安作为古丝绸之路的起点，也是目前中国西北地区经济中心与内陆型改革开放新高地。2017 年,西安市委、市政府出台了关于《加快西安国家自主创新示范区建设的若干政策措施》,提出要将西安高新区打造成"一带一路"创新之都。主要公司有:西安旅游(000610)、曲江文旅(600706)、天地源(600665)等。

请看图 7-14 是"000877 天山股份日线走势 2017 年 6 月 19 日截图"。

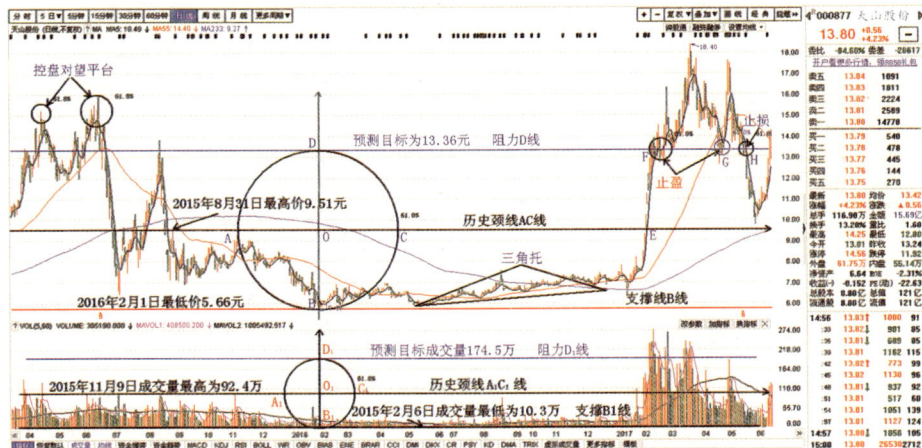

图 7-14　000877 天山股份日线走势 2017 年 6 月 19 日截图

在图 7-14 中,000877 天山股份形成了两个圆:一个是 K 线波段区间(5.66 元,9.51 元)形成的周期性圆 O;一个是成交量波段区间(10.3 万,92.4 万)形成的周期性圆 O_1。

在图 7-14 中,000877 天山股份的股价在 2015 年 8 月 31 日达到历史最高价 9.51 元,如历史颈线 AC 所示。在 2016 年 2 月 1 日股价达到了历史最低股价 5.66 元,如支撑线 B 线所示。目标预测股价为(9.51−5.66)＋9.51(元)＝13.36(元),如图中阻力线 D 线所示。

在图 7-14 中,000877 天山股份的成交量在 2015 年 11 月 9 日达到最高量 92.4 万,如图中历史颈线 A_1C_1,2015 年 2 月 6 日达到成交量最低量为 10.3 万,如图中支撑线 B_1 线所示。目标预测成交量(92.4−10.3)＋92.4＝174.5(万),如图中阻力线 D_1 线所示。

在图 7-14 中,000877 天山股份在 2015 年 8 月 31 日股价达到波段最高价 9.51 元,开始凹陷调整。5 个月后,2016 年 2 月 1 日股价达到波段最低价 5.66 元。2016 年 7 月 7 日 MA5 日均线上穿 MA55 日均线,10 月

26 日 MA5 日均线上穿 MA233 日均线,11 月 17 日 MA55 日均线上穿 MA233 日均线,3 线形成 3 个金叉点,构成一个强大的上涨因子——三角形,因在日线上形成,简称"日托",支撑股价走高。如图 7-14 中所指示的"黑色三角形"区域部分。一旦股价站稳在 MA233 日均线之上,一波上涨主升行情就开始了。经过多次反复,踩实 MA233 日均线,都没有跌破,于是 2017 年 2 月 7 日股价改变上涨方向,几乎以 90°方向磁悬浮急速升空,开始了第一波上涨行情的拉升,在六七天时间内,连拉 5 个涨停板,都是光头光脚的大阳线。又用五六天时间消化盈利盘,上下震荡整理后,不破 13.36 元的阻力 D 线,D 线升格为支撑线后。于是从 2017 年 3 月 9 日开始,在 13 天时间内股价出现了第二波上涨,缓慢拉升,但是逆势上涨,3 月 24 日股价上冲摸到了历史最高价 18.36 元。

虽然股价冲过了 2015 年 4 月 20 日的控盘对望平台最高价 15.07 元、6 月 18 日的控盘对望平台最高价 15.77 元,但是遇控盘对望平台要回落。如图 7-14 中的大小 2 个"黑色圆圈"所示。经观察股价与 Macd 指标走势相反。如图 7-14 所示。

由于量能不足,第二天即从 2017 年 3 月 25 日开始,股价用了 13 天左右的时间,进行回落整理。4 月 25 日—28 日的 4 天时间都没有跌破阻力 D 线,于是刹车换挡,出现了 4 天时间的一小波反弹,如图 7-14 中的 E、F 圆圈所示。5 月 4 日股价上冲到 17.54 元,不过历史高点 18.36 元,便顺势回落下滑,一直到 2017 年 6 月 19 日截图当天,还处在震荡下滑之中。

第九节　000856 冀东装备实战股谱

雄安概念，是 2017 年另一个中国经济大主题。

000856 冀东装备，是 2017 年 4 月第一波"雄安概念"上涨的龙头股票。当时由于我选择了"雄安概念"股的另一只股票——002342 巨力索具，虽然涨势不错，但在交易过程中，还是基本错过了 000856 冀东装备这只龙头股。

请看图 7-15 是"000856 冀东装备日线走势 2017 年 5 月 24 日截图"。

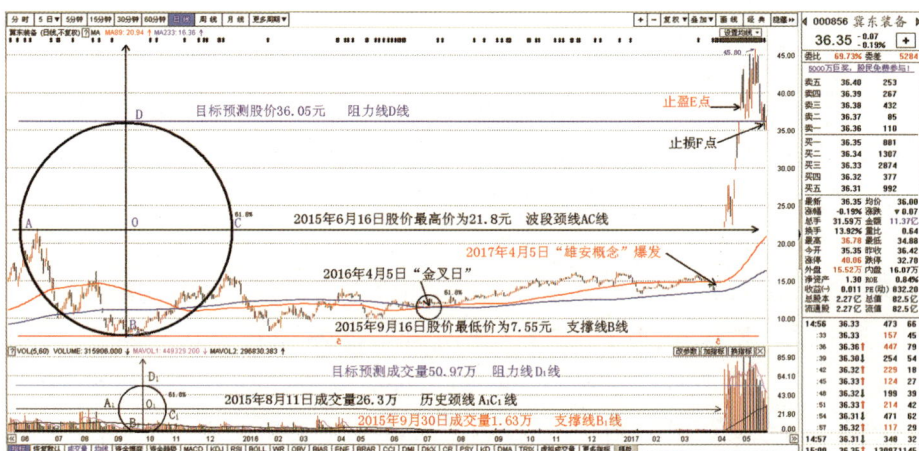

图 7-15　000856 冀东装备日线走势 2017 年 5 月 24 日截图

在图 7-15 中，000856 冀东装备形成了 2 个圆：一个是 K 线波段区间（7.55 元，21.8 元）形成的周期性圆 O；一个是成交量波段区间（1.63 万，26.3 万）形成的周期性圆 O_1。

在图 7-15 中，000856 冀东装备的股价在 2015 年 6 月 16 日达到历史最高价 21.8 元，如历史颈线 AC 所示。在 2015 年 9 月 16 日股价达到了历史最低股价 7.55 元，如支撑线 B 线所示。目标预测股价为（21.8－7.55）＋21.8＝36.05（元），如图中阻力线 D 线所示。

在图 7-15 中，000856 冀东装备的成交量在 2015 年 8 月 11 日达到最高量 26.3 万，如图中历史颈线 A_1C_1，2015 年 9 月 30 日达到成交量最低量为 1.63 万,如图中支撑线 B_1 线所示。目标预测成交量(26.3－1.63)＋26.3＝50.97(万),如图中阻力线 D_1 线所示。

2015 年 12 月 8 日股价脱离开波段圆 O 后,经过 132 天时间的运行,于 2016 年 4 月 5 日那一天,11.46 元的 MA89 日均线上穿 11.43 元的 MA233 日均线,形成金叉点。这一天称为"金叉日"。然后,股价继续小幅攀升,抬高重心。股价运行 182 天后,于 3 月 31 日 K 线回落至 MA233 日均线上,获得支撑。

在 2017 年 4 月 1 日,中共中央、国务院宣布一个重大利好消息,建立河北省"雄安经济新区",这是继深圳经济特区和上海浦东金融新区之后,又一具有全国意义的新区,是千年大计、国家大事。"雄安概念"股于 4 月 5 日集体爆发,几乎全线涨停,引发了 A 股的一波上涨行情,8 天左右时间的上涨,可谓涨幅惊人,出现了 600340 华夏幸福、000401 冀东水泥、002146 荣盛发展、000615 京汉股份、601000 唐山港等雄安龙头股。000856 冀东装备也涨势惊人,收获 6 个涨停板,无量涨停,其中 4 个一字板,已显雄安板块龙头本色。

事实上,在雄安新区主题横空出世后,4 月份以来的 8 个交易日内已有 21 只概念股累计涨幅超过 50%,其中,600008 首创股份累计涨幅居首,达到 95.54%,于 4 月 14 日起停牌。002457 青龙管业位居次席,累计涨幅为 90.04%,此外,600550 保变电气、002342 巨力索具、002542 中化岩土、300137 先河环保、000923 河北宣工、603616 韩建河山、000401 冀东水泥、000605 渤海股份、000615 京汉股份、601000 唐山港、601992 金隅股份等 11 只个股在 4 月 13 日停牌前,均连续 6 个交易日实现涨停。

至 4 月 20 日政策压制雄安概念股爆炒,涨势暂时回落回调。早盘,两市小幅反弹后震荡回落,再次陷入调整。午后雄安新区概念加速杀跌,带动股指再度跳水。601992 金隅股份、600550 保变电气、600135 乐凯胶片、603939 银龙股份跌停,002342 巨力索具、600463 空港股份、002431 棕榈股份、300428 四通新材、000709 河钢股份、600480 凌云股份、002616 长青集团、300075 数字政通、600149 廊坊发展等跌幅超 8%。尾盘,中字头护盘:600028 中国石化、601857 中国石油、601800 中国交建、601668 中国建筑等小幅拉升。盘面上,医药、酿酒、家电等防御性板块涨幅居前,雄安新区、京津冀、园林工程、黄金概念、债转股、环保、有色、水泥建材、页岩气等跌幅居前。

4月24日000856冀东装备的股价最低滑落至22.28元,没有跌破历史颈线位AC线21.8元的位置,接着当天股价强势拉起,"雄安概念"股开始了第2波集体爆涨。伴随着成交量开始放大,涨势凌厉,跳空涨停,5个涨停板基本都是光头光脚的大阳线。

4月25日,雄安概念出现大幅反弹,龙头品种000856冀东装备股价率先涨停并再度刷新历史新高,002457青龙管业、600874创业环保等多只个股也纷纷收获涨停,600550保变电气、601000唐山港等前期跌幅较大的品种同样继续上涨。在雄安概念的强势带动下,指数也暂时止住颓势,沪深两市均呈现上涨。

4月26日早盘,雄安新区概念板块分化明显,000856冀东装备大涨9.40%,盘中一度涨停。000413东旭光电、002457青龙管业涨逾3%,000158常山股份、600480凌云股份、000600建投能源、000826启迪桑德涨逾2%。000867华讯方舟、300081恒信移动跌逾3%,300117嘉寓股份、300075数字政通等个股跌逾2%。

5月2日000856冀东装备以一根光头光脚的大阳线跳空涨停,直接跃过目标股价36.05元的阻力线D线的位置,信号提示止盈条件确认成立,要截断利润,如图7-15中"止盈"E点箭头所指的位置。5月3日—5日3天股价涨幅过大,开始滑落。5月5日股价摸到最低价36.37元的位置,离目标预测的股价线36.05元的位置,相差5.87元,36.05元目标股价线瞬间升级为支撑线D线,又支持股价小幅上涨了7天时间,于5月15日13:22股价上冲到45.80元,由于动能不足,结束最后的上涨。股价开始大幅回落调整,一直到5月24日收盘截图,股价三四天时间都在D线上下附近调整,如图7-14中箭头所指"止损日F点"。信号确认,F点马上出现了。一旦跌破D线,大幅下跌,迫在眉睫,要果断止损出局。否则,要跌得血本无归。

自2017年4月5日雄安国家级新区设立以来,雄安新区板块成了A股的"暴风眼",经过一个多月的跌宕起伏,指数累计上涨27.87%。个股方面,55只雄安新区板块个股中,11只个股累计涨幅超过50%,其中冀东装备、创业环保、先河环保、青龙管业等4只股累计涨幅超过100%。

复盘雄安新区概念股炒作路径,从清明假期公布消息后,先是河北板块集体涨停,基建港口房地产等"大基建"率先受益;接下来第2波就是绿色以及智慧雄安的消息,300137 先河环保、600008 首创股份、300075 数字政通等环保股和智慧城市概念股引领;第3波则集中在雄安金融概念,600533 栖霞建设领衔大涨。根据申万宏源证券统计,雄安新区未来两年基建投资规模约为 563 亿元,2020—2030 年基建投资 1.2 万亿元至 1.9 万亿元。所以,最先受益的是基础建设相关个股。事实上,港股表现最强也是从水泥股金隅股份开始的。

为方便起见,将"雄安概念"有关的股票列举如下:

1. 房地产开发:601992 金隅股份(北京)、002146 荣盛发展(河北)、600340 华夏幸福(河北)、600149 廊坊发展(河北)。

2. 建筑装饰:600970 中材国际(双重概念①)、000401 冀东水泥(河北)、002116 中国海诚(北京)。

3. 环保概念:301566 神雾环保(河北)、300137 先河环保(石家庄)。

4. 工程机械:000923 河北宣工(河北)、002691 冀凯股份(石家庄)、002459 天业通联(河北)。

5. 港口:000916 华北高速(北京)、600270 外运发展(北京)、603569 长久物流(北京)、601000 唐山港(河北)、600717 天津港(天津)、600751 天海投资(天津)、600787 中储股份(天津)、601919 中远海控(天津)。

6. 通信设备:000867 华讯方舟(保定)、300081 恒信移动(石家庄)、000889 茂业通信(河北)。

7. 汽车:601633 长城汽车(保定)、600482 中国动力(北京)、601258 庞大集团(河北)、600480 凌云股份(双重概念)。

8. 钢铁能源:000709 河钢股份(河北)、000937 冀东能源(河北)、600997 开滦股份(河北)、0006000 建投能源(河北)、000778 新兴铸管(河北)、000958 东方能源(石家庄)。

9. 化工化学:002108 沧州明珠(河北)、002442 龙星化工(河北)、600409 三友化工(河北)、300107 建新股份(河北)、600230 沧州大化(河北)、600722 金牛化工(河北)、603889 新奥股份(石家庄)。

10. 医药:300255 常山药业(石家庄)、002603 以岭药业(石家庄)、

---

① 双重概念:指同时拥有"雄安"概念与"一带一路"概念的股票。

600812 华北制药（河北）。

11. 半导体：300446 乐凯新材（保定）。

12. 光学光电子：000413 东旭光电（北京）。

13. 仪表仪器：300371 汇中股份（河北）。

14. 服装纺织：300158 常山股份（河北）、002494 华斯股份（河北）。

15. 养殖业：600965 福成股份（河北）。

16. 家用轻工：600135 乐凯胶片（保定）。

17. 电气设备：600550 保变电气（保定）。

18. 证券：600155 宝硕股份（保定）（2018 年 7 月 12 日更名为"华阳创安"）。

19. 通用设备：002342 巨力索具（双重概念）。

（截止 2019 年 3 月 2 日修改收稿，查东方财富软件"雄安新区"的股票已经增至 119 只。）

第十节 002302 西部建设实战股谱

002302 西部建设，这是"一带一路"与"雄安"概念两大经济主题爆发后，一位同事说他是在 8.2 元左右买进此股的，问笔者还能不能继续持有。我大致分析了一下股票走势，认为这只股票还没有开始拉升，涨势还在后面，坚决持有。

请看图 7-16 是"002302 西部建设日线走势 2017 年 5 月 10 日截图"。

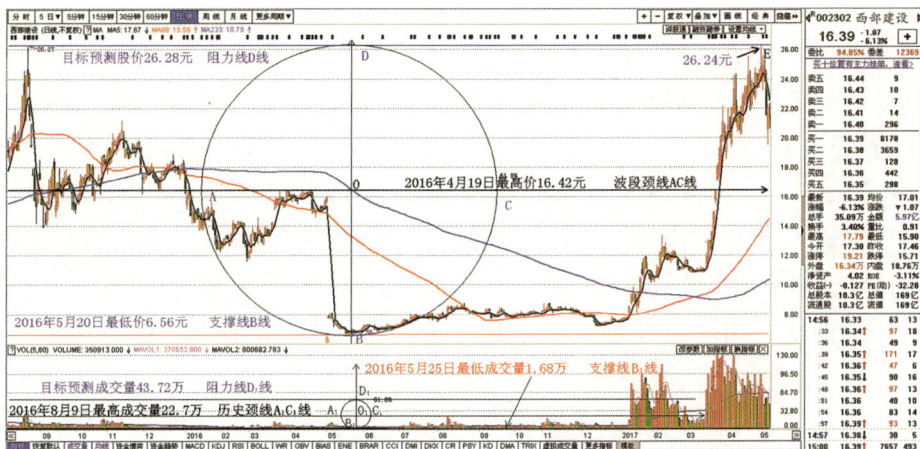

图 7-16 002302 西部建设日线走势 2017 年 5 月 10 日截图

在图 7-16 中，002302 西部建设在 2016 年 5 月 4 日那一天发布分红消息，是每 10 股送 10 股派送 1 元，一直到 2017 年 1 月 10 日，开始了长达 8 个月的低位吸筹建仓。这段运行时间，股价运行 170 天，K 线 170 根，阴线 71 根，阳线 92 根，涨跌幅 −45.57％，最高价 15.94 元，最低价 6.56 元，换手率 125.82％。2017 年 1 月 10 日股价以涨停板跳空形式，稳稳地站在 MA89 日均线之上，股价达到 8.48 元，第二天 1 月 11 日又以稍微带有短下影线的涨停板跳空高开，一下子突破了 8 个月的底部构筑平台 8.72 元，1 月 12 日以带有上下影线的小阳线，触及 MA233 日均线（相当于年线）不过，顺势回调两天，回补缺口，1 月 16 日以差不多十字星下探 7.97 元的 MA89 日均线，下探的最低价为 8.01 元，只相差 0.04 元。

没跌破 MA89 日均线,1 月 17 日以涨停板形式强行上攻 MA233 日均线。不过,K 线阳实体在 MA233 日均线下方,1 月 18 日又以涨停板继续强行上攻,上攻成功,并站稳在 MA233 日均线上方,K 线阳线的下影线最低价 9.43 元,只比当天 MA233 日均线的 9.44 元低 0.01 元。然后,在 36 天时间内进行 2 波小幅震荡攀升,在 2017 年 3 月 3 日至 16 日 10 天时间内量平价平,进行盘整。3 月 17 日,成交量放大,收出一根带有一点上影线的大阳线,接着成交量温和放大,股价加速上涨,在 16 天时间之内收获了 6 个涨停板。4 月 11 日那一天,成交量放大到 128 万,股价开始缩量减速上行,10 天之内上涨到 2017 年 5 月 3 日的最高价 26.24 元,是一根带有很长上影线的阳线。如图中 E 点箭头标示。股价没有上冲过阻力线 D 线 26.28 元后,也没有过 2015 年 8 月 20 日的"对望控制"平台 26.27 元,从第二天 5 月 4 日开始,股价遇到阻力向下滑行,一直到 5 月 25 日继续下行,还在往下跌。

分析图 7-16,002302 西部建设形成了 2 个圆:1 个是 K 线波段区间(6.56 元,16.42 元)形成的周期性圆 O;1 个是成交量波段区间(1.68 万,22.7 万)形成的周期性圆 O_1。

在图 7-16 中,002302 西部建设的股价在 2016 年 4 月 9 日达到历史最高价 16.42 元,如历史颈线 AC 所示。在 2016 年 5 月 20 日股价达到了历史最低股价 6.56 元,如支撑线 B 线所示。目标预测股价为(16.42 − 6.56)+16.42=26.28(元),如图中阻力线 D 线所示。

在图 7-16 中,002302 西部建设的成交量在 2016 年 8 月 9 日达到最高量 22.7 万,如图中历史颈线 A_1C_1,2016 年 5 月 25 日达到成交量最低量为 1.68 万,如图中支撑线 B_1 线所示。目标预测成交量(22.7 − 1.68)+22.7=43.72(万),如图中阻力线 D_1 线所示。

REFERENCES
参考文献

[1] 王东萍.股圣彼得林奇给股民的忠告[M].北京:中国经济出版社,2012.

[2] 孤帆远影.翻倍操盘法则[M].北京:人民邮电出版社,2011.

[3] 叶国英.股道(上)[M].上海:上海财经大学出版社,2013.

[4] 叶国英.股道(下)[M].上海:上海财经大学出版社,2013.

[5] 刘恒鑫.一线牵牛股[M].成都:四川人民出版社,2013.

[6] 黑马王子.股市天经(之一)——量柱擒涨停[M].成都:四川人民出版社,2009.

[7] 黑马王子.股市天经(之二)——量线捉涨停[M].成都:四川人民出版社,2010.

[8] 赵信.詹姆斯·西蒙斯斯操盘术[M].北京:经济管理出版社,2015.

[9] 路易斯·纳维里尔.巴菲特的选股真经[M].刘演龙,译.广州:世界图书出版广东有限公司,2014.

[10] 江山.价值投资资本的野蛮生长[M].北京:经济管理出版社,2012.

[11] 周雷.时空战法狙击强势股[M].北京:中国经济出版社,2014.

[12] 胡立阳.股票投资100招[M].北京:经济日报出版社,2008.

[13] 威廉·欧尼尔.股票投资的24堂必修课[M].北京:中国青年出版社,2007.

[14] 高竹楼,高海宁.赢在大趋势[M].深圳:海天出版社,2013.

[15] 飞扬.牛股是怎样炼成的[M].广州:广东经济出版社,2015.

[16] 王继洲.猛龙过江[M].北京:机械工业出版社,2014.

[17] 刘钟海.国际大师投资机密[M].北京:经济管理出版社,2013.

[18] 小休伊特·海瑟曼.怎样选择成长股[M].鲁爱民,译.北京:机械工

业出版社,2014.

[19] 高竹楼,高海宁.看对趋势操对盘[M].深圳:海天出版社,2010.

[20] 杨健.股票市场技术分析手册[M].北京:中国宇航出版社,2007.

[21] 黄智华.周期波动节律[M].广州:中山大学出版社,2010.

[22] 鹿守君.气势理论[M].北京:中国经济出版社,2014.

[23] 范江京.量价实践分析[M].北京:中国宇航出版社,2010.

[24] 李石养.炒股一定要懂上市公司分析[M].北京:机械工业出版社,2012.

[25] 钟麟.善战者[M].广州:广东经济出版社,2009.

[26] 孙武.孙子兵法[M].沈阳:辽海出版社,2010.

[27] 许啸天.老子[M].北京:光明日报出版社,1995.

[28] 司马迁.史记·货殖列传[M].北京:中华书局,1982.

笔者是 2007 年 4 月 17 日炒股入市的,到 2017 年 4 月写完本书初稿差不多快 10 年了。4 月 10 日,是我的生日,也算是对我 10 年炒股的一个交待了,这本书也为我的生日献上了一份厚礼。当时,我入股买的是 600663 陆家嘴,25 元左右买入的。一个月之后,赚了 1 万多元,那时没有什么股票知识,根本不懂什么炒股技术,一直到 2007 年 8 月 30 日,国家加收印花税,引起大盘暴跌和股灾,止跌反弹,也没有卖股,而且跌一次加仓一次,数次加仓之后,实在忍受不住,割肉卖出,结果损失惨重。直到 2008 年 10 月大盘止跌反弹,600663 陆家嘴从 2007 年 8 月 29 日的历史最高价 34.8 元,一直跌到了 2008 年 11 月 3 日的最低价 10.71 元,跌幅达 69.2%。而大盘上证 A 股指数从 2007 年 10 月 16 日的 6124.04 点,一直跌到了 2008 年 10 月 28 日的最低点 1664.93 点,跌幅达 72.8%。很明显,不懂股票知识和炒股技术的历史教训是惨痛的。所以,自从 600663 陆家嘴炒股操盘结束之后,我就忍辱负重、潜心学习股票知识和炒股技术,长达 10 年之久。

在学习股票知识和炒股技术的过程中,很想把一些经典的牛股走势截取下来,但由于不懂计算机应用技术,只能对大量的股票进行分析,不能把走势图截图下来。直到 2017 年 3 月 23 日,我才能把股票走势的分析图谱与股谱截图下来,可谓来之不易。可能一些股票投资者在炒股的过程中,也遇到了像我一样的问题与技术难题。为此,把我从网上学习的股票走势"截图技术"节录下来,以方便广大的投资朋友。

屏幕如何截图,有以下常见三种方式。

截图快捷键一:使用键盘中的 Print Screen Sysrq 键实现全屏截图。

Print Screen Sysrq 键,其位于键盘的右上方,按下此键,就可以实现在当前屏幕上全屏截图，也就是可以截图我们所看到的显示器所有界面。

截图快捷键二：使用 ＋ Print Screen SysRq 键实现活动截图。

同时按下键 ＋ Print Screen SysRq 键，即可完成当前活动区域的界面截图。什么是活动界面？最简单的理解为你现在所操作的页面，比如现在正在聊天，那么同时按下 ＋ Print Screen SysRq 键，就可以将我们的聊天框界面截图下来。

截图快捷键三：同时按下 Ctrl＋Alt＋A 键，可实现选择区域截图（该快捷键需要在登录 QQ 后，才可以使用）。

其实截图快捷键方法一和方法二都属于系统截图快捷键，但截图快捷键三使用的是 QQ 软件中，聊天框截图快捷键，因此只有登录 QQ 后，该快捷键才有效。同时按下 Ctrl＋Alt＋A 键后，我们会发现鼠标变成了彩色，这个时候我们可以任意拖动鼠标来选择区域截图。

以上三种截图快捷键，就是我们最常用最方便的截图快捷键了，不少股票投资者朋友可能会问，我截图了怎样才能看到呢？其实选用以上三种方法截图后，我们都需要在画图或其他相关软件中粘贴后，才可看见。我们可以打开画图工具（从电脑桌面—程序—附件—画图），然后粘贴（快捷键：Ctrl＋V）进去就看到了，或者也可以直接打开与好友聊天对话框中粘贴，或者建一个 word 文档，再粘贴即可保存。之后我们就可以选择保存或编辑所截的图片操作了。

"工欲善其事，必先利其器。"其实，一个成功的股票投资者，仅有炒股知识和操盘技术是远远不够的，还要修炼个人对股市波动认识的操作理念、操盘规则。否则，人云亦云，亦步亦趋，只有冷冰冰的炒股知识和操盘技术，没有自己的炒股理念，是很难在股海的波涛汹涌中成长为一个游泳高手的，即使粗通水性，但不懂掌舵搏浪，终究会被淹死。

本书提出的双圆股票操作模式，就是给股票投资者一种借鉴与指导，希望大家成长为一个顺势而为的成熟投资者，不要被股市的历史浪花所淹没，这是写作本书的初衷与目的。希望阅读到本书的读者能有所裨益，收获一双会截取利润的翅膀，自由翱翔在风云变幻的股海之中。

缪之子

2018 年 7 月 1 日